JONNY LIESEGANG

Det fiel mir ooch noch uff!

Schnafte Geschichten und dufte Bilder

arani

CIP-Kurztitelaufnahme der Deutschen Bibliothek
Liesegang, Jonny
Det fiel mir ooch noch uff!
Schnafte Geschichten und dufte Bilder
Neuausgabe
ISBN 3-7605-8524-8

Einbandbild und Textzeichnungen vom Verfasser
© by arani-Verlag GmbH Berlin 1977
Alle Rechte vorbehalten, besonders die des Nachdrucks,
gleich in welcher Form, des Vortrags, der Übersetzung, der
Verfilmung, der Wiedergabe in Rundfunk- und Fernsehsen-
dungen sowie durch Schallplatten und andere Tonträger
Printed in Germany.
Lithographie des Bezuges: Brandt & Vejmelka, Berlin
Druck: Saladruck Steinkopf & Sohn, Berlin
Auflagenkennzeichnung (letzte Ziffern maßgebend):
Auflage: 7   6   5   4   3
Jahr: 1992   91   90   89   88

‚Amüsiert euch wie Bolle'
über:

	Seite
Vorwort	8
Der ‚verhexte' Waldi	11
Entscheidungskampf: Kloßpichler gegen Buffke	15
Pollezei bin icke	20
Ick dachte, mir fällt der Mond uff'n Dutt	26
Der Kartoffelpuffer-Trick	32
Kaviar for de Pupille	38
Et drippt, drippt und drippt	43
Nich so dämlich anstell'n	51
Frau Peluschkes Hühneraugenzwillinge	58
Roch et nu nach Jas	66
Der Jeburtstags-Aal	74
Is die Braut aba blaß	81
Deine Sorjen uff'ne Stulle	88
Mutter Schlabbes Weihnachten	94
Ja, ja, wie die Zeit verjeht	101
Der Zähneklempner	107
Beinahe dootjelacht	113
Servus — ‚Servis'	118

Aus! — Sense!!

Herrn

Hans Sixtus

Generaldirektor der Schultheiss Brauerei AG.

und dem Andenken meines Vaters, des Brauerei-Ingenieurs Albert Haasis, der vor 60 Jahren als Biersieder bei Schultheiss, Abt. 1, erstmalig „det helle Böhmische Bier" den Berlinern schmackhaft machte — jewidmet.

Hopfen und Malz — Gott erhalt's!

Vorwort

Liebe inna- und außahalbschen Berlina!

Na also! Und dazu jesaacht, ooch det zweete Bändchen „Det fiel mir ‚ooch noch' uff!" is, wie zu sehen, anjeklekkert jekomm', und kam, wie zu bekneisten, dem ersten Bändchen „Det fiel mir uff!" hintaherjekleckert. Mögen det erste, zweete und die (hier mit Vorschußlorbeeren jarnierten!) noch kommenden weiteren Bändchen den lieben Lesern eene Idee Schmunzeln, Kichern oda Lachen in ihren Jesichtsfaltenwurf rinzwingen! Det ooch bezüchlich uff det Jemüt, wat sich danach ja ooch jebummfidelt fühlen soll.

Nu wäre nur noch een Vorwort fällich. Een solchet jehört ja nu mal zu eenem druckbuchstäblichen Produkt mit zu, jehört dazu wie det „Roll" zum „Mops" jehört. Dißwejen also... liebe Lesa, hier det Vorwort:

Jedet Jeisteskind, wat ick Arm in Arm mit meina Muse, der ollen Berolina, in de Welt jesetzt hatte —, wat über'n Daumen jepeilt, vor eenem Vierteljahrhundat passiert is — is überall dort, wo Berlina sich mehr oda minda häuslich niedajelassen ham, mit Bejeisterung uffjenommen wor'n. Det schmeichelte mir damals, det schmeichelt mir ooch noch heute. Det nu wenija hin- und zurückblicklich uff det Scheniale bei mir, sondern...

Sondan desterwejen, weil ick dabei jespürt habe, wie sehre unsere Heimat-, Vata- oda Muttasprache doch von uns Berlinan jeliebt wird. Mir ham im Laufe der vielen, verjangenen Jahre soville Berlina aus alla Welt jeschrieben, det ick se janich alle zählen kann. Haften jeblieben sind ma nur einije besondere Briefe. Diese will ick hier in meinem Vorwort „unta Jänsekrätzchen" zitieren:

Aus Rio de Janeiro schrieb ma een waschecht jebliebena Berlina, schrieb ma in seine Muttasprache, wie folcht: „.... ja und so lebe ick üba dreißig Jahre in meina zweeten Heimat... Halt! Det stimmt ja janich!! Trotzdem ick eene bildhibsche Peruanerin zur Frau habe, zwee Meechens und drei Lausebengels als meine Kinda bezeichne, und außadem in meinem Heim nur spanisch jesprochen wird, ja und icke selba Brasiliana jeworden bin, trotz alledem, lieba Liesegang, et vajeht wohl kaum eene Woche, wo ick unta meinem Moskitonetzhimmel lieje, und zurückdenken muß an mein mir unvajeßlichet Berlin. Wenn ma denn so richtich wehmütich jeworden, wenn ick an meinen Wedding denke, wo ick vor 35 Jahren die Pantinenschule dort jedrückt habe, denn jreife ick uff meinen Nachttisch und... weeßte wohin und wonach ick jreife? Nach meine vier Bücha von Liesegang! Die hatte mir mein Vata, der jetzt in Neukölln wohnt, mal jeschickt. Und wenn ick denn so herzhaft lachen muß, meine Frau neben mir schließlich uffweckt und mir ankiekt — und sieht, worüber ick lache, denn krieje ick prompt „uff Spanisch" zu hören: ‚Ick vastehe nich, wat du seit Jahren imma üba denselben dämlichen Quatsch lachst! Wird dir denn det nich eenmal langweilich?' Und wat sage icke nu dazu? Ick sage: ‚Det vastehste nich, Daniela! Diesa Quatsch is mir, wo mir allet Spanische um mir rum spanisch vorkommt, die Berlina Luft, ohne die ick et hier janich aushalten könnte!'" —

Aus Mexico schrieb mir eene eh'malje Berlina Krankenschwesta, die dort prima vaheiratet mit ihrem mexicanischen Mann und drei Kindern lebt: „... wenn ick Ihre Bücha nich hätte, Herr Liesegang, dann wäre ick vor Heimweh schon längst injejangen! Und wenn ick Ihren ‚Ka'toffelpuffatrick' oda ‚Mir fällt der Mond uff'n Dutt' lese ... Soll ick Ihnen mal erzählen, wat Sie, Herr Liesegang, in unserem Haus für'n juta Jeist sind? Wenn ick als Ehefrau oda als Mutter mal schlechte Laune habe — bei 40 Grad, und öfters noch mehr, im Schatten (keen Wunder!), dann legt mir mein Mann, oda eens meina Kinda, eens Ihra Bücha — wie man so schön Berlinerisch sagt — vor de Neese. Und det mit den Worten: ‚Liesegang hilf bloß, denn Mama hat wiedermal schlechte Laune!' Und et hilft."

Siehste, lieba Lesa, det und sowat, det schmeichelte und schmeichelt mir! Und damit nähere ick mir so pö a pö dem Schlußpunkt des Vorworts.

Möge ooch dieset Bändchen Liesegang allen lieben Lesern von dunnemals, inzwischen und ab sofort nischt weita sint als een Kontaktknopp zu jena seelischen Maschinerie, die unta anderem eene schlechte, wie ooch eene jute Stimmung ins Rollen bringt! Möge letztere die erste übarollen, Punkt!

Der ‚verhexte' Waldi

„Herr Liesegang, det muß ick Ihn'n erzähl'n! Se lachen sich dumm und dußlich!" Nun, warum sollte ich mich nicht mal dumm und dußlich lachen? Außer dieser Zumutung war mir das weibliche Wesen, das mich so ansprach, auf der Straße hinterhergerannt und hielt mich am Ärmel fest. Also ließ ich mir erzählen:

„Wissen Se, da is doch die dicke Hauswirtin! Zwee Häusa hat se! Und obendrin noch Jeld wie Mist! Sie kenn'se ooch, bestimmt, wenn Se se sehn! In de Jerichtstraße wohnte se!" — Keine Ahnung hatte ich zwar, jedoch — schön, ich kannte sie. Was sollte ich auch machen!?

„Also, die vareiste doch, die Dicke. In een Bad! Sie hat's doch, bei die Fettqualle ja keen Wunda, an de Leba und Jalle. Ja, und nu hat se doch eenen Dackel. Eene ausjesprochene Radautöle! Kläfft alle Leute an! Een unausstehlichet Tier. Ja, und nu konnt' se doch det Biest von Dackel nich mitnehm' in det Bad. Und dißwejen nu jab se den Dackel bei ihre Portjeesleute in Fleeje. Und, bei ihre Affenliebe zu den Köta, leechte se die Portjeesleute ausdricklich an't Herz: ‚Paßt ma ja uff mein süßet Waldichen uff, det ma bloß nischt passiert mit det liebe Tier!'

Also, scheen, die Olle dampft ab. Det heeßt, sie fliechte per Fluchzeuch. Det man so'n Unjetüm übahaupt in de Luft hochkricht, is ma det reenste Rätsel!

Also, passen Se weita uff: Wie det Unjlück et so will.., jahrelang rennt so'n Hund üba de Straße und nischt passiert, janischt. Eenet scheenen Tages aba da iebafährt een Auto den Waldi! Jott, ick konnt' zwar det Hundevieh nie richtich leiden, aba leid tat'a ma doch, wie'a so stillekin am Bürjasteich laach. Mir kam' richtich die Trän'. Bei det Iebafahr'n war ick zwar nich dabei, aba ick sah ihn späta liejen. Und da kamen ooch jrade die Portjeesleute an. Herr meinet Lebens, ham die anjejeben! Als hätten se beede jeda een Been valor'n, so jammaten se um den Hund. Nu ja, eijentlich wenija wejen den Hund, sondan wejen die Dicke, ihre Hauswirtin, ihre Arbeetjeberin, vastehn Se?! Det die se nach det Drama mit Waldichen jlatt uff de Stelle rausschmeißt, det war doch den beeden dootsicha. Also, se zittaten davor, det, wenn die Olle zerickkommt, wat denn jefällich is. Scheen.

Nu hatten se doch eenen Sohn, den Willi! Een durch und durch ausjekochta Schlahks von Obarabauke! Der krichte eenen Einfall! Een Vata von eenen seina Freunde is nämlich Hundehändla. Jott, schließlich sieht een Dackel fast wie een andra aus, dreht et sich um dieselbe Rasse, nich? Und tatsächlich bringt der Willi eenet Tages eenen Dackel an. Also, ick saach Ihn'n, Herr Liesejang, selbst ick war baff — übahaupt keen Untaschied mit Waldi nich! Ooch een Kurzhaarija, dieselbe Farbe, na, und drei Ohren hatte der andere ja nich. Scheen.

Vier Wochen späta kommt die Olle zerick. Kaum hat se sich aus det Auto rausjewälzt, flötet se ooch schon nach ihr'n Waldichen. Ja, Kuchen! Ham ooch die Portjeesleute

allet Menschenmöchliche jetan, die neue Töle uff Waldichen umzuschul'n, der neue Waldi saß da wie'ne Nippfijur uff't Wertikoh und rührte sich nich. Scheint's war der neue ausjesprochen bekloppt. Nu det Allascheenste! Wie det Fettjestelle nu uff ihn zujeht, fängt doch det Luda nich an ze knurr'n! Beinah' hätta ihr ooch noch den halben Daumen abjebissen! Dazu nu noch det perplexe Jesichte von die Dicke! Also der Willi — er hat ma det nachha erzählt — der mußte mit'n Hechtsprung in seine Schlafbuchte vaschwind'n, sonst hätta sich bei't Lachen wie'n kleenet Baby feuchte uffjeführt! Also, die Hauswirtin ..., die kiekte nur! Wär' aus ihr'n Waldi inzwischen een Paradiesvogel jewor'n, det hätt se valleicht bejrifffen. Aba, det ihr ihr Waldichen nach lausije vier Wochen nich wiedakennt, det war ihr'n Ei mit 'ne Wettafahne druff. Und nu wollte det Waldidubel ooch nich mit ihr mitjehn, stell'n Se sich vor! Eha hätt' se den Bürjameesta Kreßmann vom Kreuzberch an de Leine nach oben in ihre Wohnung ruffjezerrt, als den Dackel! Der jab an die Leine an wie'n Aal, mit den man eenen heißen Ka'toffelpuffa jarnier'n wollte! Die Portjees mußten doch det Tier erst mit Jewalt in eenen Wäschekorb vastauchen, eenen Kistendeckel drübastülpen und so zu ihr rufftragen! Natierlich, sowie det Hundevieh bloß 'ne off'ne Ritze wo sieht — der würde, wenna könnte, soja' durch't Schlüsselloch springen — issà wieda unten bei Portjees.

Nu hat se schon den zweeten Tierdokta ranjeschleppt. Jetzt weeß ick nich, woll'n ooch die Tierklempners ihr bloß vakohl'n, die reden nämlich von: Sowat jibt et! Sowat käme vor! In die Tierpsieche von det Waldichen wäre, durch irjend eene Art Schock ... irjendwat ausjehakt, sagen se.

Nu stellt se den renitenten Köta mal Bratwürschte, mal Wiena Würschtchen hin. Jestan jehackte Leba, der Willi muß ihr det imma hol'n. Waldichen dajejen frißt eha bei Portjees unten, mit Jenuß, den Kohlenkastendeckel uff, als bei sein neuet, dicket Frauchen een Brathühnchen mit Schparjelspitzen. Det Drama jeht jetzt seit vierzehn Tage! Die janze Jerichtstraße lacht sich schon kaputt üba die Dicke mit ihr'n vawandelten Waldichen. Wat sich da noch Schauerlichet entwickelt ... Na, warten wir't ab."

Entscheidungskampf:
>Kloßpichler gegen Buffke

Es war im vorigen Jahr im Herbst. Auch der Rummel im Norden Berlins spürte dessen Wirkung auf die Menschen als Publikum. ‚Kalte Beene' und ‚blaue Neesen' wirken fröstelnd auf einem Platze, der ja ... dem Vergnügen dienen soll. Trotzdem versuchte die ‚Sport-Arena', eine bekannte Ringkämpferbude, dort einen allerletzten Ansturm der Massen zu erzwingen.

Die ‚Dame an der Kasse' drosch mit einem Vierkanteisen auf ein Stück Eisenbahnschiene, und als der grelle, ohrenbetäubende Lärm verebbte, begann der Herr Rekommandeur marktschreierisch ‚det Publikum anzureißen'. Heiser und überbetont akzentuiert bellte er in ein Handmikrophon:

„Schportsfroinde! Meine Dam', meine Herr'n!! Hoi-tä jeht die diesjährije Kraftschport-Saison zu Ende! Hoi-tä wird sich heraus-stäl-len, wäääär den Ti-täl: ‚Schwerjewichtsmeista des Berlina Nordens' sich im wahrsten Sinne des Wortes im Boxring ... er-ringt! Die Pal-mä des Sie-gäs wird hoi-tä endjültich ent-schie-dän.

Schportsfroinde! Am jästrijen Sonnahmt, in der vorlätzten Jallavorstellung, rangen die beiden alla-lätz-ten

Mattadore der Trup-pä säch-zich Mi-nu-tän ohne Entscheidung! Hoi-tä wird und muß da-här die Entscheidung fal-län. Üch stelle Ihnen hür jätzt die beiden Gü-gan-ten der Mat-tä vor." — Zwei ‚kahlköppich rasierte Köppe', oberhalb ehemaliger, seit vielen Jahren strapazierter Bademäntel, wuchteten sich, schwer an ihren Muskelpaketen schleppend, und 'uff Holzpantinen loofend', die drei Stufen, zum ‚Paradestehen', auf ein hölzernes Podest vor der Arena hinauf. Ihre Mienen ähnelten reuelosen, rückfälligen Muttermördern, und beide betrachteten sich gegenseitig mit sichtbar unversöhnlichem und penetrantem Haß. Diesen, nur mit Mühe unterdrückten Blutdurst aufeinander untermalte die ‚Dame an der Kasse', sie handhabte das Vierkanteisen wie einen Dreschflegel. Endlich heiserte der Rekommandeur weiter:

„Schportsfroinde! Zu meina Linkän sähen Sie Willem Buffke, in der jesamten Kraftsportwelt als ‚Det unbarmherzije Kolloß von Reinickendorf-Ost' bekannt! Zu meina Rächtän dajejen sähen Sie Cyprian Kloßpichler, in seine urbayrische Heimat jefürchtet und jenannt ‚Der rasende Stier von Oberammerjau', Jewinna des ‚Silbanen Maßkrugs' beim Oktobafest 1932. Unsa urbayrischa und urwüchsija Schportkolleje Kloßpichla, diesa ewich jungendliche Wetteran der Mat-tä, besiechte in beinahe fümwundreißich atemberaubende Ringschlachten sämtli-chä Ringer der Trup-pä! Hoi-tä, diesen Sonntach, wird ihm entweda unwahrscheinlicha Triumpf oda einä ährenvolle Niederlage zuteil werden. Jägliches Rahmenprojramm fällt hoi-tä, wejen dieset Mammutkampfes, aus. Seit Wochen schon is der hoitigä Endkampf restlos ausverkauft! Nur noch we-ni-gä Plät-zä sind zufällich noch an der Kassä zu haben. Darum Schportsfroindä, eilet schnäll zur Kas-sä! Außadem hat een nichjenannta Schportsfroind für den Sieja bare fümf Mark und ein weitera zwei Flaschen Appelsaft als Prämje jestiftet! Also, und nun ... Hin-ein, Schportsfroinde, der jewaltichste, männamordende Endkampf bejinnt unwidaruflich in wenije Se-kun-dän."

Halb ohnmächtig von dem nun rasenden Hämmern auf der Eisenbahnschiene taumelte ich in die Bude hinein. Rund um die Arena war es — tatsächlich knüppeldickevoll. Ich klammerte mich an dem Dutt einer älteren Rentnerin fest, und auf meiner linken Schulter lastete der rechte Busen einer Schlächtermamsell — so roch es. Nachdem die beiden Endkampfgiganten, trotz des ‚unwidaruflich in wenijen Se-kun-dän'-Anfangens, noch zweimal der gaffenden Menge — genauso wie oben beschrieben und ebenso ohrenbetäubend — vorgestellt worden waren, begann nach fast einer Stunde Wartezeit, nun aber wirklich... unwiderruflich, der Kampf. Es war 20 Uhr!

Buffke und Kloßpichler rangen, das heißt: stöhnten, keuchten, röchelten; kneteten, walkten und würgten sich, bis eine viertel Stunde vor polizeilichem Platzschluß — um 22 Uhr! Dreimal wurden sogenannte Kampfpausen eingeschoben. Während diesen komplimentierte der Rekommandeur, assistiert von zwei breitschultrigen Truppenmitgliedern (z. b. V.!) alle Nicht-Dauerkartenbesitzer an die frische Luft, und rekommandierte neue Sensationshungrige in die stickige Arenaluft hinein. Sensationell war der vorzeitige Abbruch des Entscheidungskampfes. Zwar war er programmwidrig, jedoch — durch ein Eingreifen ‚höherer Gewalt' — menschlich verständlich.

Als der ‚Koloß von Reinickendorf-Ost' gerade mit tomatenfarbigem Gesicht, mit einem Schuß lila zwischen, in einer Krawatte Marke ‚Kloßpichler' schmorte, rief eine schrille weibliche Stimme vom Eingang her:

„Mensch, Willem, komm bloß schleunichst schnell zu Hause! Deine jeschied'ne Frau, die Walli, räumt jrade mit ihren neuen Bräutjam deine Bude aus! Det Küchenschpinde, den Radioapp'rat und det Schähselong ham se schon abserviert! Beeile dir bloß, Willem!"

Eine explodierende Bombe, gefüllt mit schon blauschillerndem Harzer Käse, hätte nicht atemberaubender, entsetzlicher wirken können, als diese Worte. Mit einem tierischen Wutschrei riß sich Buffke aus der Krawatte, er versetzte Kloßpichler einen tollwütigen Tritt gegen sein Schienbein, dieser brüllte „Bluatsausakrischa Saupreiß, ölendichter!", indessen voltigierte Buffke aus dem Ring und, meine Brille als Sprungbrett benutzend, verschwand er mit einem Hechtsprung im Budenausgang.

Ein irrsinniger Tumult war die Folge. Allein bewunderungswürdig geistesgegenwärtig benahm sich die ‚Dame an der Kasse'. Mit dieser unterm Arm flitzte sie hin zum Riesenrad, dessen Besitzer sie — kollegialerweise — in einer Schaukel bis zum Höhepunkt des Riesenrades in Sicherheit brachte. Indessen begann der Zorn des Publikums in der Sport-Arena überzukochen. Schon gellte eine Stimme: „Macht Kleenholz aus die Bude!", da nahte im Laufschritt eine halbe Hundertschaft der Bereitschaftspolizei. Umringt von dieser nahm der Rekommandeur schließlich zur Sache Stellung:

„Der Entscheidungskampf um die endjültije Sie-jäspal-mä wird in die Saison det nächsten Jahres unwidaruflich vonstatten jehn! Schportsfroinde, sichert euch jätzt schon Plätze!"

Pollezei bin icke

Eine unbeschreibliche Aufregung war das. Ein markerschütternder Schrei war die Ursache. Er alarmierte um die Mittagsstunde — da die Männer alle auf ihren Arbeitsstätten waren — sämtliche Frauen der Seitenflügel, des Vorder- und Hinterhauses. Auf dem Hof stand heulend die zehnjährige Gerda Schultze, um sie herum die blassen Gesichter mehrerer Frauen, die schnell auf den Hof geeilt waren.

Nach wortreichem Hin und Her hatte man festgestellt: Gerda war aus der Schule nach Hause gekommen, und als sie die im ersten Stock gelegene Wohnung ihrer Eltern erreicht hatte und klingeln wollte, da... stand die Korridortür sperrangelweit offen. Im Innern der Wohnung, von der Gerda die Küche ganz und das gleichzeitig als Schlafzimmer dienende Wohnzimmer halb übersehen konnte, herrschte vollkommene Stille — fast eine Grabesruhe. Und da wurde ‚et Jerdan unheimlich zumute!' Leise und ängstlich rief sie nach der Mutter. Keine Antwort! Sie rief nochmals etwas lauter. Wieder nichts! Gerdan wurde immer unheimlicher! Sie wußte, daß ihre Mutter stets mittags zu Hause war, sie nach der

Schule erwartete. Wo war Mutter? Und warum stand die Korridortür sperrangelweit offen? Wieder rief Gerda, aber der Ruf war kaum mehr zu hören, er kam aus vor Angst zugeschnürter Kehle. Um sich von dieser Angst zu befreien, schrie sie gellend auf. Und hinterher, ehe sie die Treppen hinunter auf den Hof rannte, warf Gerda die Korridortür zu.

Ehe man von Gerda diese Tatsachen erfahren hatte, hatten andere Frauen, die etwas weiter weg standen, schon folgendes erzählt:

„Wissen Se, Frau Nachbar'n, wir wohnten mal am Kreuzberch — jenau so war det damals ooch! Nimmt so'n Kerl nich 'ne Preßkohle und haut seine Frau damit uff'n Kopp! Üba zehn Wochen laach se in't Krankenhaus."

„Ja, und wat ick saren wollte, Frau Nachbar'n, Se wer'n et nich for möööchlich halten, aba et is so! Jestan ahmt leechte ick ma Karten, und da laach een plötzlicher Schreck neben drei Kerls! Und da saacht' ick noch zu mein' Mann, ‚Friedrich', saachte ick, ‚du krichst heute de Lohntüte... hüte dir vor deine Freunde!' Und nu sowat!"

„Det Kind kann eenem bloß leid duhn! So'n hübschet Kind noch dazu!! Ick war mit ihre Mutta wie... wie... na, wie zwee Schwestan war'n wa beede!"

„Und der arme Mann! Der macht woll jetzt in de Fabrieke Mittach und ahnt von janischt?!"

In diesem Augenblick kam die Portierfrau an.

„Wat is hier los, wie?!" Ihre Augen bohrten sich in verschiedene Gesichter, und als sie den Mund öffnete, verstummten die Frauen und hörten zu.

„Sowat dämlijet aba ooch von die Jerda!" stellte sie

fest. „Feffat die Düre zu, und nu kann keena rin! Jerda, du bist doch zu dußlich."

In diesem Augenblick wagte jemand das Wort ‚Pollezei' zu wispern. Wie von drei Wespen gepiekt sauste die Portierfrau herum, ihre Holzpantinen klapperten Sturm und sie donnerte los:

„Wer red' hier von Pollezei, hm? — Pollezei, det et die Damen hier jenau erstmal wissen, Pol-le-zei ... det bin zuerst eenmal icke! Und ... wenn et denn noch nötich sin sollte, det man späta valleicht die Pollezei braucht, denn bestimme ick det! — Det, meine Damen, det hängen Se sich man an't Schlüsselbund!"

Während ‚die Damen' nun sich diese Sätze ‚ans Schlüsselbund hängten', dachte die Portierfrau scharf nach. Nach einer Weile erhellte sich ihr Gesicht und sie fragte:

„Wer hilft ma mal die Leita von hinten hol'n?!"

Drei Frauen waren sofort hilfsbereit, und zwei Minuten später wurde eine Acht-Meter-Leiter aus der Hoftür herausgetragen. Danach wurde diese an das Küchenfenster des ersten Stocks angelehnt. Die einzige, die jetzt noch etwas zu sagen hatte, war die Portierfrau:

„Na, wer klettert nu ruff?!" stieß sie hervor.

Schweigen — betretenes Schweigen. Fast alle wandten sich plötzlich ab.

„Na ja, da sieht man ja wiedamal ... Denn bleibt ma ja nischt andret übrich, als det ick ma selba bemühe! Wat kann schon sint? — Gängstas ham wa keene uff'n Wedding, und for alle Fälle" — wandte sie sich an eine Frau, die neben ihr stand —, „Frau Kickelteh, hier ham Se meine Schlüssel, jehn Se in meine Wohnung, jleich in de Küche, uff'n Herd, da liecht der Feuerhaken. Den bring' Se mal her!"

Frau Kickelteh schwirrte ab, unsere Portierfrau stieg die ersten drei Leitersprossen hinauf und probierte, sich in den Knien wiegend, die Tragfähigkeit der Leiter. Sie hielt! Als Frau Kickelteh mit dem Feuerhaken kam, begab sich die Portierfrau, die fast zwei Zentner schwere, kugelrunde Person, Schritt um Schritt nach oben. Hielten die Frauen zuerst den Atem an und dachten sie alle, daß jeden Moment die Leiter zusammenbrechen müsse, so wurden ihre Mienen, je höher die Portierfrau stieg, immer vergnügter! Eine der Frauen begann in die Hände zu klatschen, eine zweite rief „Bravo!", und die noch vor wenigen Sekunden von Furcht gepackten Frauen waren plötzlich stolz auf ‚ihre' Portierfrau. „So eene sollte man sich mal suchen in janz Berlin! Wat die, bei ihre Jahre, noch uff'n Kasten hat!"

Endlich war die Portierfrau oben angelangt. „Nu woll'n wa mal sehn, wat da drin-ne los is!" rief sie energisch und wandte sich dem Küchenfenster zu. Sie hob den Feuerhaken ... und dann landete dieser in der hell klirrenden Fensterscheibe. Erstarrt standen die Frauen. Oben auf der Leiter wütete unentwegt der Feuerhaken. Zwei Doppelfenster mußten dran glauben, ehe die Portierfrau sich vorbeugen konnte, um in das Innere der Küche sehen zu können.

In diesem Augenblick rief eine klar verständliche Stimme über den Hof:

„Um Jottes willen, Frau Nuschenpickel, wat machen Sie denn da an mein' Fensta?!"

Ich sah nur noch, wie Frau Nuschenpickels Kopf aus dem zersplitterten Fenster zurückzuckte. Sah, wie sie schwankte und fast von der Leiter gefallen wäre. Ich hörte aus mehreren Kehlen vielstimmige Schreie, und hörte die kleine ‚Jerda' noch „Mutti, Mutti, da bist du ja!" jauchzen.

Als einziger wohl bemitleidete ich nun unsere Portierfrau, als diese wieder die Leiter hinunterstieg. Völlig fassungslos rutschte sie, mit dem Rücken fest an die Leiter gepreßt, Stufe um Stufe nach unten. Niemand half ihr ...

Es wäre nun nur noch jene Backpfeife erwähnenswert, die ‚Jerda' erhielt, als ihre Mutter ‚im Bilde' war. Denn in der Küche, auf dem Küchentisch, lag nämlich ein Zettel. Darauf stand:

„Liebe Gerda, das Essen steht in Papas Bett. Ich muß mal schnell fort. Wärme es dir. Die Tür habe ich offen gelassen, weil du keine Schlüssel hast. Gruß Mutti."

Und die beiden zerschlagenen Scheiben? — Das stellte sich heute früh heraus. Als ‚Jerdas' Papa bei der Portierfrau vorsichtig Erkundigung einzog, was mit einem Glaser...? Temperamentvoll wurde ihm klargemacht:

„Ick jloobe, bei Ihnen is woll de Naht von 'nem Jehirnlappen jeplatzt, wie?! Det fehlte woll noch! Erscht det janze Haus zusamm'schrei'n! Denn schleppt man sich an de Leita zwee Brüche! Denn klettat man ruff, um zu retten, wat noch zu retten is! Denn klettat man wieda runta, weil allet bloß blinde Alarmiererei war! Nee, Herr Schultze, da brauch man keen' Richta, det saacht Ihnen jeda pangsjonierte Briefträja, die Scheiben... dafor kommt der Hauswirt nich uff! Det is hehere Jewalt von oben!"

Ick dachte, mir fällt der Mond uff'n
Dutt

Ich schlenderte durch den hohen Norden Berlins. Es war um die Mittagsstunde herum, und die liebe Sonne meinte es an diesem Tage besonders gut. In ziemlich ausgedörrtem Zustand erblickte ich über dem Eingang einer Laubenkolonie ein Schild ‚Restaurant zum feuchten Wirsingkohl'. Ohne viel zu überlegen, schleppte ich mich in den ‚Feuchten Wirsingkohl' hinein und krächzte: „'ne Weiße! Um Himmels will'n, bloß schnell 'ne Weiße!" Hinterher fiel ich total erschöpft auf einen Stuhl. Kurz darauf fühlte ich ein kaltes Glas zwischen meinen Händen und trank... trank... und trank.

„Noch eine, Frau Wirtin!" — Ich soff mich voll wie ein Wüstenkamel nach einer Karawanentour von Damaskus bis Beirut.

Kaum hatte ich das Weißbierglas abgesetzt, hörte ich eine Stimme neben mir sagen:

„Heiß draußen, wa?"

Ich sah eine Frau neben mir sitzen. Ich blickte sie — als Antwort auf ihre dämliche Frage — bedeutungsvoll an. Sie schien für solche Blicke jedoch kein Verständnis zu haben, denn sie fuhr fort:

„So heiß war et die janzen Tage nich, wa? Und im Radio sagen se, et würde noch heißa wer'n, wa?!"

Ich war noch nicht imstande, mich mit der Frau in ein ‚hitziges' Gespräch einzulassen. Ich nickte nur. Dann betrachtete ich sie mir ganz unauffällig. Eine Frau war's aus dem Norden Berlins. Nichts weiter. Sicher aus einer Laube in der angrenzenden Kolonie. Sie trank ein Glas Apfelsprudel. Und sicher hatte sie auch Langeweile.

Wir waren die einzigen Gäste im Lokal. Die Wirtin sah man hinten in der Küche grüne Bohnen schneiden.

Da begann sie zu erzählen:

„Ick wart' hier uff mein' Oll'n. Mir ham hier hinten 'ne Laube! Ham Sie ooch 'ne Laube?"

Ich verneinte durch ein Schütteln des Kopfes.

„Hab' ick ma doch jleich jedacht! Sie sehn ooch jaanich danach aus. Eenesteils könn' Se von Jlück reden, det Sie keene Laube ham! Wat mir diesen Somma for'n Ärja ham mit unsre Laube, et is nich zu sagen! Jloom Se ma det! Mir ham nämlich Wanzen!"

Ich fuhr herum! Schlagartig — sagen wir mal — wurde ich mobil! Mißtrauisch forschte ich an der Frau herum.

„Ja, ja, det is so! Und stell'n Se sich vor, so von heute uff morjen ham wa die Dinga jekricht! Schuld natierlich hat mein Olla! Der kommt vor'n paar Tage von de Post, wo'a sich de Rente abholt. Und wie'a so de Straße langjeht — hier, drei Kollonien weita — da siehta, fast mitten uff'n Bürjasteich stehen, een Schähselong! Een beinahe wie nagelneuet Schähselong! Fedan und Bezuch, allet prima-primstens, noch jut erhalten, wa! Und da saachta sich, ‚det Ding kommt ma wie jerufen', wa! Und er kantet et sich uff de Schulta und bringt et freudestrahlend an. ‚Mutta', saachta zu mir, ‚kiek, wat et doch for dußlije Leute jibt! Schmeißen so'n feinet Sofa einfach uff de Straße!' Na und ick, wie det so is, ick freute mir ooch üba det Schähselong! Und wat machen wa? Wir feuern unsa altet, wacklijet Sofa raus, tragen et uff de Straße und bau'n det neue Schähselong in unsre Laube. Et sah wirklich scheen aus, wie et so dastand, det Schähselong. Nu allet schön und jut! Mein Mann abends, der schläft doch imma uff't Sofa, na, der leecht sich quietschvajnücht uff det neue Schähselong und freut sich, det die Fedan ihm so jut inwiejen. Nu und ick, ick lieje in't Bette wiesawie. Mit eenmal, wissen Se, ick hab' so'n Jefühl for sowat! Wenn jejenüba da drüben", sie zeigte mit dem Finger auf die uns gegenüberliegende Wandseite, „eene Wanze looft ... ick saare Ihnen, wenn sie k e e n a spürt ... ick ... ick krieje sofort 'ne Jänsehaut, uff der Se alte Schrippen reiben könn'! Scheen! Also, ick lieje in't Bette ... mit eenmal schauert et mir! Ick spürte wat! Wat, wußte ick noch nich! Et juckte ma ... et juckte und juckte! Mir wird janz mulmich zumute! Ick weck' mein' Oll'n! ‚Emil', flüstate ick hin zu ihm, ‚Emil, hier stimmt wat nich!' Druff meent mein Olla, so recht jehässich, wie de Männa ja alle im Schlafe sind, wenn ick ihm noch mal mitten aus'm Schlaf uffwecken täte, denn könnt' er mir jarantier'n, det bei mir wirklich wat nich stimmt! — Nu hör'n Se sich sowat an mitten in de Nacht! Aba mir jibt et keene Ruh'! Ick raus aus det Bette. Ick stecke de Petroljumlampe an und wie ick ... da ... ick dachte, mir fällt der Mond uff'n Dutt! Ick sehe ... Sie könn' sich nich vorschtell'n, wat ick jesehn habe! Et wimmelte man bloß so vor lauta Wanzen! — Nu ick! Eenen Schrei stieß ick aus — mein Olla sauste druff aus det Bette, als hätte

neben ihm een Krokodil jenießt. Ick konnte bloß üba sein Schähselong hinzeijen! Mir zittatten de Finga... Ick saare Ihnen, wimmeln is ja keen Ausdruck nich! Wie beim Schichtwechsel bei de AEG strömten die Biesta aus det Schähselong raus! Außa mir war ick! Dootschrei'n hätte ick ma könn'! So war mir zumute. — Dreißich Jahre bin ick mit mein' Oll'n vaheirat', aaaba wat ick ihm in die Nacht erzählt habe... nee, nee, nee! Uff'n Liejestuhl ham wir beede de Nacht üba draußen im

Freien zujebracht! Und als et endlich helle wurde, lieba Mann ... det Schähselong hätten Se bloß von innen sehn soll'n! Det Dings hatten die Biesta scheint's for ihre Olympiade als Schtadion jewählt! Und et fand jrade een Weltmeesta-Fußballspiel unta sie statt! Und det jesamte Wanzenunjeziefer von sämtliche Berlina Vororte hatte sich uffjemacht, um dabeijewesen zu sint!

Ick saage Ihnen, als wa det Schähselong wieda aus de Laube raus hatten ... ick ruff uff'n Kirschboom, und von da aus schwor ick mein' Oll'n: ‚Ick bleibe so lange hier uff'n Ast druff hocken, bis du det vawanzte Biest von Schähselong wieda dahin bringst, wo et herstammt! Und denn bringste mir ja det alte Sofa wieda!!'

Wat sollte der Olle tun? Er kappt sich also det Schähselong und haut damit ab. Ick druff vom Boom runta und bin jrade bei, die Laube wieda reene ze machen, da ... ick dachte, mir spritzt eena mit Tomatentunke! Der Olle is wieda da! Und wat bringta wieda mit? Det Schähselong! Denken Se bloß! Und denn kommt's raus — bald jeweent hatta! Jrade, wie'a det Schähselong da fall'n lassen will, wo er et jestan jefunden hat, da kommt een Schupo hinta een' Jebüsch vor, schmunzelt und meent:

‚Ahaaaaa! Wieda det Schähselong!! Na, lieba Herr Emil Glubsch aus de Laubenkollonie, ick ahne ja, warum ooch Sie det Schähselong schnellstens wieda loswer'n woll'n. Jetzt ha' ick doch mal endlich eenen erwischt! Seit vierzehn Tage', saachta, ‚wunda ick mir üba det Schähselong! Komm ick nachts hier lang, is et vaschwunden! Und kaum jraut der Morjen, is et wieda da! Sie schein' ooch eena von die zu sein', meenta zu mein' Oll'n, ‚die da jedacht ham: Kiek an, der liebe Jott läßt Schähselongs vom Himmel rejnen und schenkt ausjerechnet een wundascheenet davon Herrn Emil Glubsch, wat?'

Na, und wat blieb nu mein' Oll'n weita übrich? Der Schupo lachte sich halb schief dabei. Er mußte det Schähselong wieda uff'n Puckel nehm', und ... da war er wieda! Und heute — drei Tage hatten wa det Wanzenaquarium mit zwee Kannen Petroljum bejossen hinterm Komposthaufen stehn — heute vasucht mein Olla noch mal, det verdammte Schähselong irjendwo loszuwer'n! Und wenna bis Heilijensee und Lübars loofen müßte!, hatta jesaacht. Jetzt wart' ick hier uff ihm. Sieben Schtunden is der arme Mann schon untawejens! Und det bei die Affenhitze ...

Een Jlück, det wa weenichstens unsa altet Sofa wiedajefunden ham! Det hat keena jenomm' aus de Kollonie! Mööchlich, det die anderen Laubenpiepers jetzt alle mißtrauisch jewor'n sind nach den Rinfall mit die vierbeenije Wanzenarche!"

Fünf Weißen hatte ich inzwischen getrunken und eine schöne Geschichte dazu gehört! Dann mußte ich gehen. Gern hätte ich ja noch ‚den Ollen' gesprochen! Aber angenommen, es würde ihm selbst in Heiligensee oder Lübars nicht gelingen, ‚det Schähselong' irgendwo fallen zu lassen, und er irrt immer weiter in den Westberliner Grenzbezirken herum ... ihn zu erwarten war mir doch zu unsicher.

Der Kartoffelpuffer-Trick

Im Hausflur traf ich Frau Litzpitzke, eine Mitbewohnerin unserer Mietskaserne. Wir begrüßten uns, und bei der so üblichen Frage: „Wie jeht's, wie steht's?" fiel mir ein, kurz zuvor Herrn Litzpitzke, als er frühmorgens zur Arbeit ging, von meinem Fenster aus mit einem auffallenden Gesichtsverband gesehen zu haben. Ich erkundigte mich danach und war erstaunt, daß Frau Litzpitzke bei meiner Frage zu kichern begann und schließlich in ein schallendes Gelächter ausbrach. Mein darüber verdutztes Gesicht veranlaßte sie, mich zu fragen: „Ja, wissen Se denn noch nischt? Det janze Haus weeß ja Bescheid, bloß Sie nich?!"

Ich zuckte mit den Achseln.

„Na, denn werd' ick Ihn'n mal erzählen, wat mit mein' Ollen passiert is, hör'n Se zu! Also, vor zwee Wochen unjefähr, war ick mit mein' Süßen in een' Film. Ick weeß nich mehr, wie der Film jeheißen hat. Aber, et kam eene Zene drin vor, wo een ammerikan'scher Komika Eierkuchen backte. Und wenn der Eierkuchen uff die eene Seite jebacken war, denn schmiß er den Eierkuchen mit de Pfanne hoch in de Luft. Dabei drehte sich denn der Eierkuchen und flooch mit die unjeback'ne Seite haarjenau wieda zerück in die Pfanne. Sie vastehn mir doch richtich, oda?"

„Ja, natürlich!" erwiderte ich. „Der Eierkuchen dreht eine Art Salto in der Luft und wird von der Pfanne so aufgefangen, daß die zu backende Seite nach unten zu liegen kommt. Das machen viele, nicht einmal geschickte Köche so. Das ist nichts Neues!"

„Det kann sint. Aaaaba for mein' Oll'n war det janz wat Neuet! Det hat ihm nämlich mächtich imponiert, vastehn Se? Den janzen Ahmt, wie wa aus det Kino raus war'n, hatta mir von den Trick, wie er dazu saachte, wat vorjefaselt. Ja, nu hör'n Se weita. Ick hatte die Sache mit den Trick schon längst vajessen. Eenes Tages, det heeßt, jenaua jesaacht jestan, will ick for mein' Oll'n Ka'toffelpuffa backen. Die ißt er nämlich leidenschaftlich jerne. Drum back' ick ihm fast jede Woche eenmal Ka'toffelpuffa. Schön, nu passen Se uff!

Ick hatte allet, wat zu't Backen jehört, fertich stehn und wartete bloß, bis mein Emmton von die Arbeit nach Hause kommt. Ick hör' ihn mit die Schlüssel an die Düre wirtschaften und sage mir: Jetzt fängste an mit's Backen! Denn, det wissen Se ja wohl ooch, Ka'toffelpuffa müssen frisch aus die Pfanne raus jejessen wer'n, sonst schmecken se trocken wie'n Fußabstreifa aus Kokos. Schön! Ick klecka jrade die erste Kelle Teich in de Pfanne, da quetscht mein Olla sein' Kopp durch de Küchendüre und schnuffelt. Mit eenmal schreita los: ,Wat, Ka'toffelpuffa jibt's heute? Mensch, Frieda!' jault er uff, ,det kommt mir ja wie jerufen und herbeijekitzelt. Jetzt muß ick unbedingt mal vasuchen, ob ick den Trick, wie der ammerikan'sche Komika damals im Film, ob i c k den ooch rauskrieje. Denn, det wär' ja jelacht, wenn ick nich ooch!'

Und eh' ick übahaupt zu' Besinnung komm', nimmta mir den Schmalzlöffel und die Pfanne aus de Hand und ... backt alleene weita.

Und so, bei't Backen, meenta: ‚Weeßte, ick hab' den Trick hin und her übaleecht, wodruff et dabei ankommt! Et liecht an nischt weita, als an den Schwung, den de der Pfanne jibst. Paß uff, ick mach et dir jetzt vor. Ick jloobe, der Puffa is jetzt soweit!' Und kaum ausjered', reißta die Pfanne vom Jaskocha, zählt eens, zwee und denn drei ... und mein Ka'toffelpuffa fliecht hoch in de Luft. Zwee Sekunden druff knüllta sich wie'n nassa Waschlappen zusamm' und fällt, wie'a wieda runtakommt, haarjenau mitten uff de Jasflamme ruff.

Ick saaage Ihnen, Herr Liiiesejang, ick stieß'n Schrei aus ... hintaher setzt' ick ma uff'n Kohl'nkasten ... ick dachte, mir platzt de Milz und deren sämtliche Umjebung. Wat i c k jelacht habe ...

Scheen! Mein Olla tut sehr valejen. Weil ihm nischt zu sagen infiel, polkte er mit de Jabel de Jasdüsen frei, und weil ick imma noch lachen mußte, wurde er langsam fuchtich. Meent: Det kennte jeden passier'n! Det nächste Mal würde er et schon bessa machen!

Na jut! Er macht also wieda Teich in de Pfanne und backt los. Und während et backte, klawierte er mir vor, ,det et alleene uff 'ne jewisse Drehung mit's Handjelenk druff ankommt!' Selbije würde, uff Jrund von jeschleuderten Jesetzen jemäß, saachte er, veranlassen, det der Ka'toffelpuffa jezwungenamaßen een' Salto mortale schlagen misse.

Scheen! Wie der Ka'toffelpuffa nu soweit war — et war wie im Zirkus, wo man mit'n Trommelgewirb'l 'ne Sensatzjohn ankündicht. Mein Olla schreit: ,Uffjepaßt, et jeht los! Hau-ruck!', und der Ka'toffelpuffa fliecht! Er fliecht und fliecht, und ... wat soll ick Ihn'n saagen, er kommt nich wieda runta. Mein Olla steht da mit de Pfanne, lauert uff den Ka'toffelpuffa, wo der bleibt! Und ick ... ick lag lang in de Küche, strampelte mit de Beene und schrie wie'ne Varrickte vor helle Bejeisterung! Denn ... ick hatte schon längst jesehn, det der Ka'toffelpuffa weit üba mein' Oll'n drüba wechgefloogen und uff die Jlocke von de Kichenlampe hängenjeblieben war.

Ick schrie bloß H i l f e ! Und nu erst det dämlije Jesichte von den Oll'n! Wie der sein' Puffa uff de Lampenjlocke wiedafand!! Herr Liesejang, fraaa-gen Se nich — fragen Se bloß nich! Astickungsanfälle krichte ick.

Und nu aba mein Olla: ‚Dußlijet Frau'nzimma', kläffte er mir an, ‚sitzt da und kreischt wie'ne histeer'sche Zicke! Benimmsta ja wie'n kleenet Kind!!' Und je mehr der Olle schimpfte, um so mehr konnte ick ma natierlich nich det Lachen vakneifen.

Scheen! Ick trocknete ma de Lachtränen von de Backen, und mein Olla inzwischen — mit'n Jesicht wie'n Tieja, den'n Elefant uff'n Schwanz jetreten — macht sich wirklich noch mal bei, den Trick noch eenmal zu probier'n! Er haut den Teich in de Pfanne, det det Fett man nur so schpritzte, und wie fiebrich schtierte er in de Pfanne, wartete jierich uff den bewußten Oogenblick, wo der Puffa for'n Salto reif is. Scheen!

Und ick ahnte ja schon det Unheil. Denn, wenn der Olle so aussieht, seina Lebtach hatta da nischt Vaninftijet zustandejekriecht!

Scheen! Er kimmerte sich jaanich um mir. Ick kiekte bloß zu. Sehe, wie er de Zähne zusamm'beißt und lauert. Und wie et denn wieda soweit wurde, da — ick schwebte vorsichtshalba wie'ne zierliche Elfe aus de Kichendüre, stecke bloß den Kopp durch'n Türschlitz — da reißta wuchtich die Pfanne runta, ick hör' noch, wie'a knirscht: ‚Hei-a-hopp!' Ick sehe den Puffer aus de Pfanne sausen ... seh ihn ooch noch in de Luft fliejen, und denn ... denn ... Herr Liiiiesejang, nehm' Se et mir nich übel, Hals ieba Kopp jaloppierte ick in't Schlafzimma, kroch mit'n Kopp unta de Bettdecke, und drunta dachte ick jeden Moment, ick jeb 'n Jeist uff. Sooo lachte ick — so zerplatzte ick bald vor Lachen!

Scheen! Ick jloobe, ick habe fünf Minuten mindestens unta't Kissen jeleejen, eh ick mir danach wieda in de Küche traute. Und da seh ick denn det Drama...

Der Olle steht an de Wasserleitung, hält det Jesichte drunta und läßt sich det kalte Wassa drüba loofen — schtell'n Se sich sowat Varricktet vor! Na, ick reiß ihn weg, renne nach Salatöl und nach det Mehl ... der Olle brüllte doch wie am Spieß! War ja ooch wirklich keen Wunda, denn der Ka'toffelpuffa is ihm mitten uff't Jesichte jefall'n! Der h e i ß e Puffa, stell'n Se sich vor! Det is nich von Pappe, sage ick Ihnen bloß!

Na, nu det Oel und det Mehl ... Also, wenna mir nich so leid jetan hätte, der Anblick, det Jesichte ... rot jequoll'n und denn noch volla Oel und Mehl bestreut, also ick biß ma bald de Zunge ab, um nich hell uffzuschrei'n.

Drum ham Se mein' Oll'n kirzlich mit den Vaband jesehn, Herr Liesejang. Bejreifen Se nu?"

So erzählte Frau Litzpitzke. Ich wünschte ihrem Mann baldige Besserung, verabschiedete mich, eilte an meinen Schreibtisch, um eine neue Geschichte, noch ‚heiß wie ein Kartoffelpuffer' und ‚frisch von der Pfanne' ... runterservieren zu können.

Kaviar for de Pupille

,Waden-Bruno' gehört unzweifelhaft zum ,alten Stamm' der Berliner Straßenhändler. Seit dreißig Jahren ist er ,zünftig', und trotz seiner fünfzig Jahre auf dem Buckel steht er noch heute wie ein Junger an seinem Stand, wenn es heißt: ein ,neuer Schlager' ist unter die Leute zu bringen.

Es gibt wohl nichts mehr an solchen Händlerartikeln, die Waden-Bruno noch nicht gehandelt hätte. Kürzlich traf ich ihn in Reinickendorf, am Eingang des Wochenmarktes. Er hatte seinen linken Fuß auf die Tischplatte gestellt, das Hosenbein hochgekrempelt und mit der rechten Hand, mittels eindrucksvoller Gesten, deutete er auf einen lila Gummistrumpfhalter, den er ,am lebenden Modell' vorführte. Dazu sprach er folgendes:

„Meine Herr'n und ooch ... meine Dam'! Sie sehn hier — ohne det Eijenlob schtinkt — een anatomisch wohlentwickeltet Männabeen, dessen Wade sich bei jeda Jahres-, Tages- und Nachtzeit sehn lassen derf. Nu is det mal leida so im Leben, det aus eena Männawade, und wenn se ooch noch so knusprich is, im Jrunde jenomm' keen jroßet Wesen jemacht wird. Und warum det? — Weil die Reize, die eena Wade anhaften, janz alleene der holden Weiblichkeit vorbehalten sind. Und det vasteh ick einfach nich, det will mir nich inleuchten!

Nischt jejen die Dam'! An- und Abwesende injeschlossen! Beileibe ooch nischt jejen die Waden der Damen! Ick bin zwar nich mehr so jünglingshaft va'anlaacht, aba ... ooch ick jeh jerne in eenen Musikafilm, wo eene Jierlande hübscha Jirls eenem ihre schlanken Beene von alle Himmelsrichtungen her zuschleudern. Bei uns Männa is et ja nu mal so: 'ne hübsche Wade is und bleibt for uns Kaviar for de Pupille!

Uns Herr'n der Schöpfung dajejen, uns hat die Mode in puncto Wadenerotik sehr schtiefmüttalich behandelt. Frieha, janz frieha, in de Rennesangse, daaaa ... da wurde noch uff die Männawadens janz bedeutenda Wert jeleecht! Da trugen die Kawaliere lange, bunte Schtrumphosen, und manchet Burgfrollein hat sich damals in eene Männawade for't janze Leben festejebissen! Dajejen heute ... heute ...

Wann könn' wir Männa schon unsre Waden mal protzen lassen? Wann?! — Hör'n Se ma bloß uff, valleichte jetzt von die Knickabockas zu reden! Wat sieht man da schon? Jaanischt! Selbst 'ne Männawade, die aussieht, als wenn man 'ne Bulette an'n Besenstiel jenagelt hat, selbst die kann sich noch drunta vakrümeln. Und sonst ...

und wenn man schon den Somma üba jeden Tach nach Wannsee baden jeht, et is doch allet nischt Richtijet! Nischt for de Dauer!

Also, et bleibt uns nischt weita übrich, als nur in seinen eijenen vier Wänden mit seina Wade Eindruck zu schinden.

Nu aba die Männa! Die eenzichste Jelejenheit nu, ihre Wade schaustellerisch auszenützen, die lassen se sich aus de Neese jehn!

Sehn Se sich doch so'n Mann an, meine Dam', wie der sich va'unstaltet! Entweda schwörta uff seine alten, langen Kommisuntahosen, deren Strippen ihm, dreimal um't Been jewickelt, die Strümpe am Runtarutschen vahindan, oda ... er piekt sich die Strümpe mit'ne Sichaheitsnadel am Makko feste. Und hatta wirklich Strumphalta, denn sehn die Dinga meist aus, als wenn se ihm sein Urjroßpapa selich testamentarisch vamacht hat.

Zujejeben, een Mann in Untahosen is'n schaualicha Anblick! Und looft so'n Jestelle ooch noch schtundenlang uff kamelhaarne Laatschentrittlinge durch det Appardemang, womöööchlich noch hälta mit alle zehn Finga de Untahose feste, damit se nich — wie bei'ne Denkmalseinweihung — ihn enthüllen ... also, wenn ick'n elektrischa Kontakt im Schlafzimma wäre, ick würde mir diesen Anblick durch Kurzschluß entziehn.

Ick bejreife einfach nich, mit welcha Kaltschnäuzichkeit wir Männa uns in unsra Neglischeh-Uffmachung va'unzier'n! Dabei is et doch 'ne Kleinichkeit, sich de Beene 'n bißchen hübscha zu jarnier'n, damit se wenichstens 'nen halbweechs passablen Anstrich kriejen.

Eene Jelejenheit —. und nich die schlechteste — biete ick hier heute den Männern! Und ooch den Frauen!! Et scheint aba, det sich die lieben Frauen schon längst abjewöhnt ham, ihr Augenmerk übahaupt noch uff die Stelzen ihres Anjetrauten zu schmeißen! Weil et sich woll kaum mehr lohnt, wat?!

Det is aba jrundvakehrt, meine lieben Damen! Wenn Se det tun, denn valoddert der Mann janz und ja' in diesa Hinsicht! Et is janz alleene Ihre Anjelejenheit, meine Damen, sich an Ihrem Manne jenen Punkt in't Ooge zu jreifen, wo Se Mängel sehn! Vanachlässijen Sie det aba, denn is et keen Wunda, wenn Ihr Mann um de Beene aussieht wie'ne leere Wurschtpelle, die Quetschfalten um 'nen Bleistift leecht!

Det erste, wat Sie zu tun ham, meine Damen, is ... det Sie vor anschtändije Schtrumphalta Sorje tragen! Und dazu vahelf ick Ihnen. Von fuffzich Fennje bis zu'ne Mark bin ick bereit, Sie bei der Ausstattung 'Scheenheit der Männawade' mit Rat und Tat zu untastitzen! Und Sie wer'n sehn, bringen Sie erstmal Ihr'n Mann ze Hause uff'n Jeschmack ... beweisen Se ihm erst eenmal, det een schicka Schtrumphalta jenau detselbe is wie een neumod'scha Selbstbinda um'n Hals. Denn soll'n Se mal sehn, wie der Olle pletzlich anfängt, ooch for die iebrijen Zutaten seina Wade zu sorjen.

Aba von nischt kommt nischt, det is'ne alte Weisheit! Ooch in de Liebe!! Aaaba, meine Dam', wenn Sie stille sind ... wenn Ihr Mann Ihnen einfach saacht: ‚Ach Quatsch, zu wat denn? Wer kann mir denn durch de Hosenbeene kieken?! Det sieht man ja nich!‘, wenn Siiie denn den Rewolwa mang det Jetreide pfeffern, denn, meine Damen ... denn is et janz alleene Ihre Schuld, wenn die Ehe eene triwwijahle Veranstaltung wird. Fangen Se an, meine Damen, und koofen Se erst eenmal eenen Schtrumphalta! Und keene vier Wochen wer'n verjehn und Sie wer'n zu mir komm' und mir mit Freudentränen in de Oogenwinkel in't Ohr flüstan: ‚Lieba Freund Bruno, et hat jewirkt!'"

Das ist Waden-Bruno!

Et drippt, drippt und drippt . . .

Darf ich meinen lieben Leserinnen und Lesern Frau Latzlappen vorstellen? Frau Lieschen Latzlappen? —

Diese Brave erscheint täglich auf zwei Stunden bei mir und macht, latzlappisch ausgedrückt: die Bude reene!

Wenn ich mal gerade, nach ihrer Ansicht, nichts zu tun habe, so unterhält sie sich gern mit mir. Sie erzählt mir ihre kleinen und großen Sorgen, weiht mich in ihre privaten Verhältnisse ein und holt sich bei mir von Zeit zu Zeit, wenn sie nicht mehr weiter weiß, Rat.

So auch vor einigen Tagen. Sie erschien zur bestimmten Stunde total verheult und vergrämt.

„Nanu, Frau Latzlappen", sprach ich sie an, „was ist denn mit Ihnen los? Haben Sie etwa geweint? Und weshalb?"

„Jeweent? Jeheult habe ick seit jestan nachtens un-untabrochen", legte sie nun, unter Tränenkullern, los. „Diese Schlechtichkeit aba ooch von's die Mitmenschen! Ick saaage Ihnen, Herr Liesejang, ick duhe doch wirklich und wahrhaftijen Jott keenem Menschen wat zuleide, aba, wat meine Nachbarin is, die Pippeln, nee, nee, nee!

Ick sage Ihnen, nur aus die reene Schikanierei is die Person zusamm'jesetzt! Keene Woche vajeht, wo ma diese Bisse nich wat am Zeuje flickt! Und imma hat se't mit mir! Nuuur mit mir! Keenen andan sucht se sich zum Stänkern aus, als bloß mit mir!"

Selbstverständlich zog ich ein mitfühlendes Gesicht, bot ihr höflich einen Stuhl an, bat sie, sich zu beruhigen und mir zu erzählen, was ihr die Pippeln angetan. Nachdem sie mit ihrem völlig verknautschten Taschentuch ihre sowieso schon gerötete Augenpartie bis zur Bindehautreizung wundgerieben hatte, faßte sie sich soweit, daß sie halbwegs verständlich sprechen konnte. Folgendes erzählte mir Frau Lieschen Latzlappen:

„Ick wohne doch in'nem Haus in eene Kochschtube. Du lieba Jott, die olle Baracke schteht doch schon mindestens üba achtzich Jahre! Folglich is da aba ooch allet man sehre primmetiv! Na ja, for neunzehn Mark fümwunsiebzich Fennje im Monat Miete, wat kann da schon ville Luxusjöset bei sint, nich? Scheen! Nu, uff meinen Flur, da wohnen secks Parteiens. Die Pippeln nu, diese Kanallje, die wohnt in eene Ecke mir jenau wiesawie und jleich neben die Wassaleitung."

„Was?! Neben die ... äh, neben der Wasserleitung?" entfuhr es mir. Ich glaubte, falsch gehört zu haben.

„Natierlich neben die Wassaleitung! Bei uns jeht et nich so feudal zu, wie in die modernen Häusas! Mir ham, for alle secks Mietas, nur eene Wassaleitung mit'n Ausjuß drunta. Und det is uff'n Flur. Wenn Se bei mir die Treppens ruffkomm', links drei Düren, rechts drei Düren, und in die Mitte is die Wassaleitung. Ham Se nu bejriffen?"

Ich nickte. Zwar hatte ich begriffen, jedoch ...

„Also, nu hör'n Se weita. Wenn nu eena von die Mieters nich richtich, det heeßt: nich janz feste den Wassahahn zudreht, denn ... drippt et!"

„Was, wie war das?"

„Horrjott, denn drippt et ebend! Et muß doch denn drippen!!"

„Ach so! Es tropft also, wenn der Hahn ..."

„Jawoll! Sie quetschen sich natierlich schöna und jebildeta aus. Bei Sie troppt et, und bei unsaeens da drippt et eben! Eijentlich kommt's ja uff's selbe raus, wa?! — Also, e e n e nu von uns secks Mieters, die aba ooch dau'and und imma, und nie nich den Hahn richtich zudreht, det is die Pippeln! Wissen Se, am Tage ... da jeht et ja. Da is man nich da, und da hört et ooch meistens keena. Aaaaaba nachts! Nachtens, wenn et da drippt, Herr Liesejang, reenewech jlatt zum Varricktwer'n is det denn! Schtell'n Se sich vor: Se liejen so rinjekuschelt in't Bette, woll'n inschlafen. Se liejen, denken an dette und dette, oda an janischt, langsam nuscheln Se in ... Plötzlich!, allet is dusta und stille ... da ... Nanu, wat is'n det?! — Se lauschen! Se recken den Hals aus de Posen wie'n Huhn aus't Jitta und hören uff'n Flur draußen macht et: dripp! — dripp!! — dripp!!! dripp!!!! Bleedsinnich wer'n Se dabei, wenn Se een paar Minuten bloß det Jedrippe mitanjehört ham, kann ick Ihnen vasichan! Sie brauchen janich zu lachen, Herr Liesejang! Sie ham sowat Jräßlijet ja noch jaanich durchjemacht. Aba icke! Icke habe det ziche Male erlebt! Jawoll!!

Na, und wat bleibt Ihnen bei det ewije Jedrippe weita übrich? Da könn' Se noch so tief unta de Bettdecke krauchen oda det Koppkissen jejen de Ohren pressen, det Jedrippe macht Sie einfach fertich! Det kricht Ihnen restlos hin! Nischt weita bleibt Sie zu duhn übrich, als raus aus det warme Nest, hin uff'n Flur und den vaflixten Hahn zujedreht! Denn erst komm' Se zur Ruhe! —

Nu will ick ja nischt sagen, im Somma, da macht eenem een-schnell-mal-aus-de-Falle-Hoppsen ja nich ville aus. Zwar klatscht man een paar Flüche wejen den Wassahahn-nich-Zudreha jejen die Tapete, aba man jeht raus und nuddelt den Hahn zu. Dajejen aba im Winta! Wenn et so richtich frostet! Wenn et eenem bei't Neesehochziehn so vorkommt, als hätte man in jedet Nüsternloch eene Tüte Blaupinnen drinne, hippen Se da mal aus det Bette, Sie!

Schon beim in-de-Laatschen-Rintasten denken Se, et hat Ihn'n eena Eiswaffeln als Senkfußeinlagen rinjepackt. Denn, uff'n Korridor, braust Ihnen een Kältestrom jejen die Nackichkeiten, det Se jlooben, Sie niesen wochenlang hintaher Schneebälle aus de Bronchien! Und denn noch raus, raus uff'n Flur und zur Wassaleitung hin müssen! Mit's Federndeckbette umjehängt bin ick zichmal schon so rausjebibbert, und jedet Mal dachte ick: Lieschen, det is dein Letztet, selbst 'nem Eskimo jinge sowat uff de Dauer an de Nieren! Ja, und nu sehn Se, diejenichte, die am meisten den Wassahahn sommers wie winters uffläßt, det is die Pippeln! Scheen!

Jestan abend, so um elwe rum, macht et wieda: dripp, dripp, dripp! Nu hatt' ick aba schon mehrmals uff ihr uffjepaßt! Ick wußte jenau, det die Pippeln et war! Ick also raus, det Deckbette um mir rumjeschlungen, hin uff'n Flur und an ihre Düre jekloppt! Nu, Sie kenn' mir doch, Herr Liesejang, nich? Bin ick valleichte etwa nich heeflich? Bin ick so eene, die jleich loskrakehlt?! Det könnten Se doch wirklich nich behaupten von mir! Ja, und wat

meinen Se, wat dieset unjebild'te Weibsschtücke zu mir
saacht? Saacht se nich, als ick ihr in Ruhe und in alla
Heeflichkeit sage: det se doch so liebenswürdich sin soll
und den Wassahahn zumachen, vonwejen det Drippen,
keift ma diese unvaschämte Person da nich an: Ick wäre

woll histeerisch! Sie würde mir zwee Proppen per Rohrpost zujehnlassen, die könnt' ick ma zurechteschnippeln, damit se in meine übaem'findlichen Trommelfellettewies rinpassen täten! Meent se nich noch: Ick soll doch in'ne hochherrschaftliche Willa in'n Jrunewald ziehn. Wenn da mal de Wassaleitung drippen täte, würde der Herr Hauswirt meinetwejen eenen Sänga mit 'ne Jittare neben die Wassaleitung det Lied von ‚die Rejendroppen, die an de Fensta kloppen ...', runtaklimpern lassen, damit sich det Drippen melodischer for mir anhört! Aba, die jrößte Jemeinheit, wat sich die Jiftspritze noch erlaubt hat, is: Ick sollte ma doch in'ne Hängematte, jleich neben de Wassaleitung, zur Ruhe bejeben. Wenn denn eena vajessen täte den Hahn zuzedrehn, denn braucht' ick bloß von de Hängematte runtalangen und ... et hätte sich sofort ausjedrippt! Sowat Himmelstinkendet wird eenem jesaacht! Wird mir jesaacht, wo ick doch wahrhaft'jen Jott keenem Menschen, nich mal'ne Flieje zunahetrete! Wat soll ick bloß machen jejen diese Person?

Wenn ick zwanzich Jahre jünga wäre, an ihren Zoddeldutt hätt' ick sowat wie die solange aus't Fensta jehalten und bammeln lassen, bis se Würma jekricht hätte! Na!, früha, Herr Liesejang, da hätten Se mir mal sehn soll'n! Zweehundatzehn Pfund wooch ick, ohne Korsette, in meine besten Zeitens! — Da is ma mal een Jeselle von unsern Schlächter damals dumm und dämlich jekomm'. Heut' hat derselbije in de Badstraße, uff de Plumpe, eene Joldjrube von'n Laden! Selten dußlich war ick ja ooch damals! Ick könnte heute mit'nem Pfiff acht Mamsells üba'n Hackklotz hoppsen lassen! Na, weg mit Schaden! — Wat ick also saagen wollte ... ach ja! Also, der Jeselle, Ernst Wagna hieß, lauerte mir mal uff de

Hintatreppe uff und kniff mir hintertückisch hinten wo rin. Icke rum und ihm eene jetalcht ... Herr Liesejang, drei Tage hat sich der Lustmolloch Eisbeutel uff sein' Riechrüssel lejen müssen! Und wenna durch diese einzije Back'feife von mir nich hintaher de Treppen runterjekullert wäre, erwürcht hätt' ick ihn ooch noch! Na, nu jeht's ihm bessa als mir! Ofte jeh ick an sein' Laden vorbei. Eenmal stand'a draußen. Er kiekte mir an ..., so, wie man eenen mageren Hammel betrachtet! Er hat ma aba nich mehr wiedaerkannt! Na ja, icke heute mit meine knapp hundat Pfund! Die Sorjen, der Ärja ... Ach ja! —

Ach so! Wat sagen Sie nu zu die Pippeln? Wat macht man bloß jejen diese Kreatur?!"

„Strafen Sie sie mit tiefster Verachtung, liebe Frau Latzlappen! Luft, penetrante Luft, muß sie für Sie sein!" riet ich ihr.

„Und wenn et nu wieda drippt? Wenn wieda ... Ick weeß, jetzt macht se det erst recht aus Daffke und aus reene Schikaniererei!"

„Frau Latzlappen, dann gehen Sie eben 'raus und drehen den Hahn fest zu. Es bleibt Ihnen ja nichts anderes übrig!"

„Und im Winta?"

„Na, jetzt haben wir Frühling, dann kommt der Sommer ..."

„Wenn nu aba wieda der Winta ran is? Da ham wa't ja! Det is et ja! Det peinicht mir heute schon!"

„Liebe, gute Frau Latzlappen ...", stöhnte ich. Da klingelte das Telephon. Erlöst sprang ich auf und widmete mich dem Anrufer. Ich zog das Gespräch in die Länge, redete und redete, und schielte zur Latzlappen hin. Endlich wurde ihr das nicht endenwollende Gespräch zu langweilig. Sie erhob sich, murmelte: „Na, denn wer' ick mir mal in die Küche bejeben!" und verschwand. Nach einer Weile hörte ich sie dort rumoren und singen: ‚Ick weeß een Herz, for det ick bete, und dieset Herz, det bist nur du . . .'

Ob sie wohl dabei an den heutigen Schlächtermeister ‚uff de Plumpe' dachte, die liebe, gute, alte Latzlappen? —

Nich so dämlich anstell'n ...

Es war an einem kalten Herbsttage ...

Ich stand an einer Autobus-Haltestelle am Potsdamer Platz — den es ‚damals‘, als weltstädtischen Begriff, noch gab — und wartete auf den Bus.

Hinter mir hatten die einstmals populären, auf diesem Platz nicht wegzudenkenden ‚Priesterinnen der Flora‘ ihre Stände, von denen aus sie den Vorübergehenden in einer urwüchsig berlinischen Litanei ihre duftenden und farbenprächtigen Pfleglinge anpriesen. Aus heiseren Kehlen, von herbstlichen Atemwolken umhüllt, kamen ihre zum Kauf aufmunternden Zurufe:

"Hier die Astan, die scheenen Herbstastan! Und schpottbillich wiedamal, beinah' wie jeschenkt!" —

"Oda, wie wär't mit'n Strauß Imortell'n? In 'ne Vase Muttern uff't Klavier jestellt, und se windet mit Vatern vierhändich den Jungfernkranz als hätten se jestern man erst jeheirat'!" —

"Na, mal mitnehm', die scheenen Veilchen, det jroße Bund nur fuffz'ch Fennje, Sie hübscha Jüngelling?"

Der ‚hübsche Jüngelling‘, ein etwas unfertig wirkender junger Mensch, blickte ziemlich hilflos und schüchtern drein. Er war in die versierten rhetorischen Fangarme einer robusten Blumenhändlerin geraten, und wurde von ihr nach langjährigen Erfahrungen ihrer Zunft ‚beackert‘. Und ‚det fiel mir uff!‘

"Wat soll's denn nu sint?", säuselte es ihr von den Lippen. "For det süße Frollein Braut oda for det liebe Mütterlein? Sehn Se sich hier mal die Nelkens an! Sind det wahre Prachtnelkens, wa? — Und hier hätt' ick ooch noch, da staun' Se, wa?, Vajißmeinnicht! Een seltena A'tikel bei die Jahreszeit, wa? Soll ick'n Stäußekin von ..., wie?"

Der junge Mann schubberte sich unentwegt das Kinn, wagte kaum, die Blumenhändlerin anzusehen, um dadurch nicht in den Bann ihrer suggerierenden Blicke zu geraten. Allein, ich sah ihm an, daß er etwas ganz anderes, etwas Besonderes, wollte.

Schließlich — nachdem die Frau ihre sämtlichen Blumensorten ihm der Reihe nach angeboten hatte, versuchte sie durch deutlich gezeigte Resignation ins Geschäft zu kommen. Mit einem lauten Seufzer lehnte sie sich wieder auf ihren Hocker zurück und sagte mit spürbarem Vorwurf:

„Na scheen, denn suchen Se sich man alleene, janz in Ruhe, wat aus, wat Se sich jedacht ham! Ick hab' ma woll Mühe mit Ihn'n jenuch jejehm! Mehr wie zwee Krankenschwestan bei 'nem Dootkranken!"

Nach diesem Gemütshieb (mit 'nem Schlagring!) sah der junge Mensch ein, daß er sich nunmehr als ernsthafter Käufer zu betragen habe. Er versuchte erstmal Worte zu Sätzen werden zu lassen:

„Ich möchte . . . Ich wollte eigentlich . . . Ich dachte mir . . ."

Die Blumenfrau sah hoch, sah ihn an. Sie wollte etwas sagen, druckste ein wenig und erwiderte dann nur:

„Lassen Se sich man ruhich Zeit, junga Mann! Bloß keene Übastirzung nich! Ick kenne eenen, der hat sich beim allzu-Hastichsint kurz druff een Bruchband vapassen lassen müssen!"

„Wie teuer sind denn die Veilchen da?" stotterte hastig, nunmehr erst richtig verlegen werdend, der junge Mensch, um der Blumenfrau schnellstens den Frotzelfaden abzuschneiden.

„Je nachdem! Ab fuffz'ch Fennje bejinnen Veilchen bei mir erst int'ressant zu wer'n!"

„Und wieviel gibt es für fünfzig Pfennige?"

„Wenn'ne Majistratswaage in de Nähe wäre, würd' ick Se Ihn'n abwiejen."

„Wissen Sie, liebe Frau", entschuldigte sich fast der junge Mensch, „ich brauche nämlich gar nicht soviel Veilchen!"

„Um det zu ahnen, mein Sohn", brummte es zurück, „hätte alleene schon eene Fottejrafie von Sie von hinten jenücht! Und wieville brauchste nu eijentlich an Veilchen, Sohnemann, wenn ick mir so zu fragen erlauben derf?", kam es jetzt ganz familiär und gutmütig gesprochen, aus einem wissend-schmunzelndem Gesicht.

„Hm! Ja, wissen Sie, ich . . . ich . . . Ich denke . . . Ich möchte . . ."

„Jestatte, mein Junge, det ick inzwischen eenen Schluck Kaffe zu mir nehme, ja? Eh' du ausjered' hast, erkält' ick ma valleicht noch bei't krampfhafte Zuhorchen die Nier'n. Und det willste doch eena ollen Frau nich anduhn, wa?" Sie nahm eine Thermosflasche, goß deren Deckel voll dampfenden Kaffees und trank ihn genießerisch stöhnend aus. Danach kicherte sie, plinkerte mit den Augen und sagte: „So, nu is ma eene Idee menschenfreundlicha um de Zirbeldrüse zemute! Und nu woll'n wa uns mal per müttalich unterhalten, wir beede, ja? — Wenn ick ma richtich erinna, wollteste doch wat koofen, oda? War et nich 'ne Fuhre bescheid'ne Veilchen, Herr Kunde?"

Der ‚Herr Kunde' stand wie auf Kohlen. Also schwitzte er! Die Situation, in die ihn seine Schüchternheit gebracht, wurde ihm zusehends immer peinlicher. Dazu trafen ihn . . . so verschmitzte Blicke — abgefeuert von der alten Blumenfrau — die seinen Zustand nicht besser machten. Endlich schien er sich aufzuraffen:

„Ich möchte . . . Ich wollte mal fragen, liebe Frau, kann ich nicht · . . ein paar Veilchen nur haben? Ich bezahle sie ja!", setzte er eilfertigst hinzu.

„Sie bezahl'n Se! Tatsächlich?!", pruschte lachend die Blumenfrau los. „Jott, die Freude! Na, nu — wieville Veilchen willste denn nu eijentlich ernsthaft ham? Saach et doch! Zwee, drei Stück? Oda een achtel Pfund?"

„Ich möchte ein paar Veilchen gerne einem Brief beilegen! Und . . ."

„In wat? In eenen Briiief?"

„Ja, in einen Brief."

„Aaaaach, jetzt vaschteh ick übahaupt erst! Aba, lieba, junga Mann — du könn'st ja mein jüngsta Sohn sint —, nu saach ma mal bloß: wie kannste dir man bloß so schichtern-dußlich anstell'n?! Warum saachste denn nich jleich, wat Sache is, hm? Denkste, die vawitwete Mutta Patzken is so, wenn et sich um een paar Veilchen for'n Liebesbrief dreht? Nee, mein Junge! Nu erst vaschteh ick ja det Schlottern bei dir! Na, dir soll jleich jeholfen wer'n."

Während sie nun aus mehreren Bunden Veilchen einige besonders schöne heraussuchte, fragte sie, ohne Antwort abzuwarten:

„Is se hibsch? Und scheen stramm üba'all so um die Rundungens drumrum? Det is nämlich in de Liebe wie in de Ehe de Hauptsache! Als ick jeheirat' hab', wooch

55

ick mit Siebzehn balde zwee Zentna. Und wat mein lieba Mann jewesen... seit 1915 issa bei Verdun imma noch vamißt..., der schwörte druff: ‚Wat jleich schon scheen feste is, jeht nich so leichte aus'n Leim!' Und siehste, junga Jüngelling, sieben Kinda hatten wa nach acht Jahre Ehe. Und ick, ick hab' se alle wat Reellet wer'n lassen! Und ihre olle Mutta fällt heute noch, mit Zweeunsechzig, keenen nich zur Last! Bloß nich sowat Miekrijet in det Ehebettjestelle, junga, noch uff de Veilchentour liebenda Herzensknicka — denke dran! Ooch so eene, die fünf Radieschen uff'n Pumpanickel hobelt und meent: Fuffzehn Kalorjen Wittamine pro Busen, dazu drei Mohrrüben jeknabbert vor de Popobäckchenfassong..., vor sowat hüte dir bloß! Meine Jungs war'n alle Brustkinda bis in't zweete, ooch dritte Jahr. Mit Backpfeifen mußt' ick se entwöhn', sonst hätten se sich bei ihre Einsejnung noch drannejebammelt!

So, junga Bräutjam, da haste nu deine Veilchens for dein kleenet Meechen! Jib eenen Jroschen dafier! Vaschenken kann ick nischt, aba wat vadienen will ick an so'ne putzije Kruke, wie du eene bist, ooch nischt! Und wenn de det nächste Mal wieda wat Duftijes brauchst, denn... nich so schüchtan! So benimmt sich keen richtija Mann! Ooch'n Bierkutscha mit'n Kreuze wie'n Brauer'ferd brauch nich vor Schenierlichkeit am Daumen zu lutschen, weil er seinem schnudd'lijen Pusselchen een paar Blümekins in't Liebesbriefkuwehr schiem will! Det is nich affich, und een Fatzke is man desterwejen noch lange nich! So... Ach, kieke da! Da kommt ja eena meiner villen Enkel! Det hier is Maxe!" Jubelnd begrüßten sich Großmutter und der im Laufschritt auf sie zustürmende

Maxe. Stolz ihn musternd, erzählte sie dem jungen Mann noch:

„Da, sehn Se sich den an! Det is der Jüngste von dreie meines Drittältesten! Seit eenem Jahr stürmta schon als Linksaußen in seinem Fußballereivaein! Uff'n Fußballplatz stehta sein' Mann wie 'ne Litfaßsäule! Is et nich so, wat, Maxe?" Maxe, ein knapp Achtjähriger, nickte nur kurz. „Ooch hilfta seine Jroßmutta jeden Abend bei't Inpacken und Verladen, wa, Maxe?"

Maxe erwiderte: „Ehr'nsache, Jroßmutta!"

Eine zärtliche, verarbeitete Hand strich liebevoll über den Kopf des Jungen.

Da kam mein Bus. Mehrere hatte ich ohne mich abfahren lassen. Ich stieg ein und sah noch einmal zurück. Ich sah, wie sich der junge Mann herzlich von der alten Blumenfrau verabschiedete, und hörte noch, wie diese ihm mahnend hinterherrief:

„Und bei't nächste Mal ... sich nich so dämlich anstell'n!"

Frau Peluschkes
Hühneraugenzwillinge

Mir bleibt nichts weiter übrig, als hier die höchst sonderbare Geschichte von Frau Peluschkes beiden Hühneraugen zu erzählen.

Daß ich über dieses höchst sonderbare Hühneraugenpaar stolperte, verdanke ich eigentlich einem reichlich überkandideltem Sommer. Dessen Unbeständigkeit war der Grund, daß ich mit meiner Zigarettenfrau eine Unterhaltung begann, die sich um meine fällige Wochenendpartie und das dafür notwendige schöne Wetter drehte. Ich zweifelte. In diesem Augenblick fielen die für mich merkwürdigen Worte:

„Na, wissen Se, Herr Liesejang, wenn et nischt weiter is! Jehn Se doch mal hier in unsa Haus vier Treppen den linken Seitenflüjel ruff. Da wohnt die olle Peluschken. Bei der kloppen Se — et dauert 'ne Weile, eh' se uffmacht — und denn fragen Se se: wat ihre Hühneroogen zu det Wetta morjen meinen! Und Sie wer'n sehn, Sie wer'n staun', und sich wundan!"

Ich glaubte, nicht richtig verstanden zu haben:

„Was soll ich? Ich soll zu einer mir völlig wildfremden Frau gehen und diese fragen: was ihre Hüüühneraugen...?"

„Horrjott, Herr Liesejang, wat meinen Se, wie ofte die Leute zu der ruffjehn! Det Sie als olla Weddinga det noch nich wissen, det wundat mir aba! Jedet kleene Kind uff'n Wedding kennt die Hühneroogenzwillinge von de Peluschken! Und et steicht hier in die Jejend keene Landpartie, keene Herr'npartie — keene Dampfafahrt und Mondscheinfahrt, wo die Leute nich vorher die Peluschken vonwejen det Wetta befraachten! Sie brauchen jaa nich ze lachen, Herr Liesejang! Jlooben Se ma, i c k habe ooch mal jelacht! Und ob Se jetzt mit de Ohren schlakkern oda nich, ick hab' die Hühneroogens zichmal ausprobiert! Und jedetmal hat et jestimmt! Wat sagen Se nu?"

„Aber, liebe Frau Schnuddel", unterbrach ich meine Zigarettenfrau, „ich kann das so ohne weiteres nicht glauben! Andererseits gebe ich zu, beginnen die Hühneraugen der Peluschken mich jetzt zu reizen. Also, wie soll ich es anstellen? Einfach 'raufgehen, klopfen, eine Weile warten und ...?"

„Richtich, nischt weita! Wenn Sie der Peluschken jedoch eenen besonderen Jefall'n duhn woll'n — ihre Hühnaoogen sind denn jleich etwas redselija —, denn nehm' Se ihr hier'n Päckchen Schnupptabak mit for drei Jroschen."

„Schnupfen tut sie auch?" staunte ich.

„Du lieba Jott, ab und zu 'ne Priese is det einzichste Hobby for ihr. Also, jehn Se man ruff! Sie brauchen ja keene Hemmungen zu ham."

Wenige Minuten später stöhnte ich die vier Treppen im linken Seitenflügel 'rauf. In meiner krampfhaft geballten Faust trug ich den Schnupftabak und im Busen ein kräftig klopfendes Männerherz. So komisch mir die

Situation auch vorkam, um so zaghafter wurde mir ums Gemüt, je näher ich den Hühneraugen der Peluschken kam. Endlich stand ich vor dem Namensschild: Ida Peluschke. Und nirgends ein Klingelknopf!

Ach ja!, ich sollte doch klopfen. Schon krümmte ich den Finger, da bemerkte ich, daß die Wohnungstür nur angelehnt war. Zudem hörte ich es sprechen und verstand jedes Wort. Die Hühneraugen schienen Besuch zu haben! So war's auch. Eine Frauenstimme erzählte gerade:

„.... ooch, wissen Se, Frau Peluschke, man läßt sich doch nich jerne sein neuet Waffelpikeekleid inrejnen, nich? Und zum Jeburtstach bei meine Schwäjerin, trotzdem ick ihr nich riechen kann, muß ick ja nu mal hin! Denn, jeht man nich, wird bloß drüba jehechelt, nich? Also, Sie meinen, Ihre Hühneroogen sagen zu det Wetta: um een paar Huschens komm' wa morjen nich drumrum!? — Wenn ick wenichstens det eene jenau sicha wüßte, det ick von de S-Bahn trocken bis hin nach die Laube komme? Untawejens kann man sich ja nirjendswo untastell'n, det is et ja ebend!"

Jetzt interpretierte die Peluschken den Standpunkt ihrer beiden Hühneraugen. Ihr piepsig-heiseres Stimmchen dozierte:

„Det eene, det uff'n kleen' Zeh, det rumort ja schon janz hübsch! Bloß, et is nich janz maßjebend! Fängt aba det zweete, det mördaliche Biest zwee Zehens daneben an, varrickt zu spiel'n, denn jeh ick jede Wette mit die Professers von det Wetterrologische Inschtitutische ein, det meine beeden Hühnaoogen die mehrere Neesenlängen voraus sind. Wat Sie nu mit Ihren Jeburtstach morjen betrifft, jrade in det ausschlachjebende Hühnaooge... da piekt et ma erst so'n bißkin!! Valleichte läßt det Pieken nach. Oda ooch nich! Det weeß ick im Moment noch nich! Drum, um janz uff sicher zu jehn, am besten is, Sie komm' morjen vormittach noch mal her! Morjen bin ick vollkomm' im Bilde!"

„Na, schön, denn komm' ick morjen noch mal wieda. Also, bis dahin uff Wiedasehn, Frau Peluschke!"

„Uff Wiedasehn, Frau Nachbar'n! Scheenen Dank ooch for die Tüte Kaffe."

Mit einem Satz sprang ich eine halbe Treppe tiefer und tat so, als wenn ich gerade die Treppen 'raufkäme. So begegnete ich der Frau, die wegen eines ‚Waffelpikeekleides' das Peluschkesche meteorologische Hühneraugenorakel befragt hatte. Mich mit neugierigen Blicken musternd, ging sie an mir vorüber.

Jetzt war ich dran! Ich klopfte und wartete. Zwei Filzpantoffel schlurrten herbei, die Tür öffnete sich und ein Kopf... nein, ein Köpfchen sah mich an... Es ähnelte wahrhaftig einem unter Zahnschmerzen leidenden Pinscher.

Ich war von diesem Anblick so perplex, daß ich nicht gleich die richtigen Worte fand. Deshalb hielt ich der Peluschken erst einmal den Schnupftabak entgegen. Dieses Gastgeschenk genügte vollkommen, um eingeladen zu werden: „Nu komm' Se schon rin, junga Mann!"

Schon in dem muffigen, halbdunklen Korridor leierte ich mein Begehr herunter:

„Ich möchte gerne über Sonntag... Nun, das fragliche Wetter... Ich habe gehört, daß man bei Ihnen..." und so weiter.

Kurz danach saß ich auf einem Stuhl in der Peluschkeschen Kochstube. Meiner Lebtag hatte ich so was noch

nicht gesehen! Während die Peluschken sich mit dem Auffüllen ihrer Nasenlöcher mit Schnupftabak beschäftigte, tasteten meine Augen die Kochstube ab. In wenigen Sekunden erfaßten diese — und das alles in einer winzigen Mansarden-Kochstube! — drei Wespentaillen-Anprobierpuppen, Baujahr 1880, (sicher war die Peluschken einmal Schneiderin), zwei Schränke, ein Sofa, ein Bett, ein Waschbrett und unzählige Pakete, die in Umschlagtüchern eingewickelt in den Ecken und auf den Schränken hoch aufgetürmt waren. Pappkartons aller

Größen zählte ich mehr als ein Dutzend. Das übrige Drumrum der Behausung bestand aus Bildern, Blumenvasen, diversem Geschirr und sonstigem Plunder. Und mittendrin saß die Peluschken auf einem Plüschsofa — ich schätzte beider Alter auf mindestens siebzig Jahre — und nieste... auch wie ein Pinscher. Nachdem sie mein mehrmaliges ‚Prost!' dankend zur Kenntnis genommen hatte, kam sie endlich auf den Zweck meines Besuches zu sprechen:

„Jott, wissen Se, wenn ick Ihn'n raten soll... Morjen also woll'n Se in't Jrüne, wat? Ick bin, offenjestanden, jaanich dafor, jaanich! Ick habe schon diese Nacht keen Ooge zumachen könn'! Et hat wieda jebohrt und rumrumort, mal in det eene, mal ins andere Hühnaooge. Det is imma'n böset Zeichen hinbezüglich uff det Wetta am nächsten Tach! Wenn et nämlich so is, jibt's bestimmt 'n Landrejen! Nich nur een paar Huschens bloß! Aba, ick möchte mir heute noch nich festelejen! Vorhin war schon 'ne Frau bei mir. Die will ooch morjen raus! Der ha' ick schon jesaacht, se soll noch mal wiedakomm'. Komm' Sie also doch ooch noch mal mit vorbei, ja? Mit meine Hühneroogens is det nämlich so: ick kann mir uff'se nich mehr so hundatprozentich druff valassen. Sie könn' alle Leute hier in't Haus fragen. Früha wußt' ick zwölf Stunden vorher, wie't Wetta wird! Fragen Se mal unten die Portjeefrau. Wat hat die mir schon for Löcher in'n Bauch jeredet, ick soll mal zu'n Alfred Braun, zu'n Rundfunksenda ‚Freiet Berlin', heechstperseenlich jehn und ihm meine Hühnaoogen mal vorführ'n, soll mal acht Tage uff Probe det Wetta ansag'n! Frag'n Se ooch ruhich mal den Kohln'fritzen hier drei Häusa weita. Et war vor fünf Jahre unjefähr, mitten im Winta. Da saachte ick zu die

Leute: ‚Kinda, mir is so, als wenn et sehr heiß wird!'
Beede Hühneroogen konschtatierten eene Bullenhitze.
Und wat meenten die Leute druff? Ick wäre mit meine
Hühneroogen schon uffällich jeisteszarrüttet! Vonwejen
mitten im Winta, bei die Kälte würde et plötzlich heiß
wer'n?! Ick hätt'n Vogel, ham se jered'! Soja' eenen mit
Sommasprossen, ham se mir ausjelacht! Ick habe nischt
jesaacht! Hab' ma mein' Teil jedacht und abjewartet!
Und richtich! Keene paar Stunden späta, mitten in de
Nacht, da jing et verdammt heiß zu! Und wat war et?
Der janze Laden von den Kohl'nfritzen is abjebrannt,
jawoll! Ick wohnte damals jenau üba den Kohl'nfritzen.
Beinahe wär' ick uff meine Eisenbettstelle wie 'ne Brat-
wurscht uff'n Rost hübsch knusprich jeröstet wor'n! Ick,
im letzten Moment, raus aus det Bette! Nu loofen Sie
mal uff'n jlühenden Fußboden barfbeenich bis an't Fensta! Ick hoppste wie 'ne Cancantänzerin und schaffte et
nich! Zum Glück kam die Feiawehr und rettete mir!
Hinterher denn aba, die Portjeesche, der Kohlenfritze
und der janze Kietz, alle staunten und kiekten mir an
wie 'ne Zauberin! Weil ick et ja vorherjesaacht habe! Ick
kenne doch meine Hühneroogens! Wenn meine Hühneroogens im Rundfunk oda im Fernsehn ufftreten würden,
valassen Se sich druff, denn schtimmte et nämlich endlich
mal mit die Wettarumjerätsleraterei!

Vorichte Woche kam een Mann, der Engros-Budika
von die ‚Schtadjon-Terrassen' und die „Bockbierfest-Neue
Welt' zu mir, der dicke Kuhnert! Der wollte wissen, ob
er an eenem bestimmten Tach in seine Jartenlokale eene
‚Italjeenische Nacht' mit Feiawerk auffziehn kann. Und
ick saachte: ‚nee', det sollta bleimlassen — meine Hühneroogen wären schtrikte dajejen! Und wat machta, der

Mann? Läßta sich nich von seine Jemahlin bequatschen, die sich üba meine Hühneroogens als Wettapropheten halbdämlich lachte! Scheen! Een paar Tage druff war der Mann wieda bei mir. ‚Frau Peluschke', weente er mir wat vor, ‚icke Idiote habe uff meine Frau jehört und nich uff Ihre Hühneroogen! Eene Stunde vor Bejinn meina ‚Italjeenschen Nacht' hätte ick in meine beeden Ettablissemangs eenen ‚Anruderkorso sämtlicha Berlina Ruderklubs' festlich starten könn', solche Wolkenbrüche ham sich üba meine Lokalitätens entleert! Dausende Mark ha' ick zujebuttert, direkte ins Wassa jeschmissen!'

Also, wat det morjije Wetta anjeht, kommen Se am besten morjen vormittach noch mal her und ick sage Ihn'n denn noch janz jenau Bescheed!" —

Ich torkelte die vier Treppen hinunter und wollte am nächsten Vormittag wieder Frau Peluschkes Hühneraugen konsultieren.

Es war jedoch nicht notwendig. Es war so schönes Wetter, daß ich mir das vier-Treppen-Hinaufklettern ersparen konnte!

5 Det fiel mir ooch noch uff

Roch et nu nach Jas?

Mir war so ‚nach eena kleenen Weiße zumute'! Ich trank diese in einem sogenannten ‚Vorgarten auf Abruf' einer kleinen Kneipe ‚uff'm Kreuzberg'. ‚Der Garten', der Kneipe vorgesetzt, bestand aus einem Dutzend mit wildem Wein bepflanzten, grüngestrichenen Kisten, die der Wirt den Sommer über von einer Großgärtnerei gemietet hatte. Hinter dem dürftigen Weinlaub harrten vier Tische der Gäste. Als einziger solcher saß ich also ‚im Jrünen' und döste vor mich hin.

Wenige Schritte vor diesem... Garten befand sich eine Straßenbahnhaltestelle. Einige Leute warteten dort auf die Bahn, andere liefen hin und her und ihre Schatten huschten an den Lücken des Weines vorbei. Hie und da hörte ich Stimmen, sie sagten mir jedoch nichts der Rede wertes.

Plötzlich wurde es anders. Mehrere Frauenstimmen kamen näher, wurden deutlich und hielten vor dem Garten an. Ich schob einige Weinranken beiseite und sah drei weibliche Wesen. Drei, an einem Wochentag, wie man so sagt, ‚sonntäglich' gekleidete Frauen. Zwei trugen in Seidenpapier gewickelte Blumentöpfe auf den Armen, die dritte ein Paket. Unverkennbar ein Geschenkpaket. Die Frauen warteten offenbar auf eine Straßenbahn. Dabei erzählten sie sich was:

„Jespannt bin ick, sage ick Ihnen", hörte ich, „jespannt... Ick kann Ihn'n janich sagen wie, Frau Kickelinski!"

„Und icke nich minda, Frau Tickeldei! Ick dachte heute früh schon, mir trifft der Schlach, wie ick die Inladung lese: ... laden erjebenst zur Hochzeitsfeia ein, Franz Buddebeen und Frau Mimmi, jebor'ne Pulpke! — Im ersten Oogenblick war mir Buddebeen janz schleiriös, denn wer is Buddebeen? Wie ick denn aber Pulpke lese... Also doch! Hat se et also doch jeschafft, die Pulpken!"

„Nu sagen Se mir mal bloß", mischte sich da die dritte der Frauen ein, „wer is denn eijentlich Buddebeen? Ick kannte woll ja die Pulpken, als se noch bei uns in't Haus wohnte, aba..."

„Liebe Frau Schnadder, det war ja ville späta mit den Buddebeen, wie Sie jrade in't Krankenhaus lagen! Zu Ihre Zeit, vor den Buddebeen, war ja die Sache mit den Embiedel da... Jott, wie hießa denn noch? Hießa nich Pischke..., Puschke... oda Paschke?"

„Und det hat ma übahaupt keena erzählt!" kam es vorwurfsvoll gedehnt zurück. „Sie ham mir doch zweemal in't Krankenhaus besucht, Frau Tickeldei, und keen Wort ham Se von fall'njelassen darieba?!"

„Aba liebste Frau Schnaddern, Sie lagen doch so uff'n Doot krank! Und da soll ick, wo Sie beede Male üba vierz'ch Fieba hatten, da sollte ick..."

„Na, wissen Se, Frau Tickeldei, sooo krank, det mir nich mehr in'tressiert hätte, wat in't Haus vor sich jeht...?! Aba, nu — nu erzähl'n Se doch mal schnell!

Unsaeens muß doch schließlich Bescheid wissen! Sonst vaquatscht man sich bloß noch bei so'ne Hochzeitsfeia! Und det wäre doch zu sehre unanjenehm! Is doch so!"

„Also, hör'n Se zu. Und keen Sterbenswort, Frau Schnaddern, det Se det von mir...! Ehr'nwort, ja?"

„Iiiii, wo wer' ick denn! Soweit müßten Se ma doch schon kenn', Frau Tickeldei! Wie'n Mauseläum bei mir! Wat mir jemand jemals anvatraut... eha ließ' ick ma in Schtücke hacken!"

„Also, det war so: Wat der Buddebeen is, der is doch von Beruf Nachtwächta, nich? Und der wohnte doch in'ne Schlafstelle bei die Pulpken ihre Nachbarin, bei die..."

„Ick weeß schon, bei die Schie..."

„Schiebelang, jawoll, bei die! Nu hör'n Se weita: Also... nu kommt det intime Heikle an die Sache! Man weeß ja nu nich, wie det jenau zujejangen, nich? Die Schiebelang erzählt so, die Pulpken erzählt wieda janz andas! Und wat der Buddebeen ist, du lieba Jott, det is'n Mann, und dem war die Jeschichte natürlich noch peinlicha als peinlich! Der zooch ja ooch jleich Hals üba Kopp hintaher aus! — Is det unsre Bahn da?"

„Nee! Warten Se mal! — Nee, det is 'ne andre! Nu weita, erzähl'n Se doch schon!"

„Nu schön! Ick weeß det ja allens nur von die Pulpken! Und die is ma ville jlaubhafta als die Schiebelang."

„Jenau die meine Meinung ooch! 'ne hochanständije Frau, die Pulpken, oda Frau Buddebeen, wie se jetzt heißen duht."

„Also, hör'n Se weita: Der Buddebeen, der doch Nachtwächta is, der kommt eenes Morjens nach Hause, nich? Und nu erzählt der Buddebeen, wie'a an die Pulp-

ken ihre Wohnugsdüre vorbeijeht, kam et ihm so vor, als wenn et nach Jas riecht. Und da issa mächtich erschrocken, saachta. Nu hatta doch als Nachtwächta alle möchlichen Schlüssels bei sich. Und wat machta? Er find' ooch eenen, der paßt, schließt uff, rennt in de Wohnung von die Pulpken, reißt erstmal alle Fensta uff, weil et dicke nach Jas jestunken, und denn, hintaher find'ta die Pulpken in ihr Bette röchelnd! Nu issa doch im ersten

Weltkriech in sowat ausjebild' wor'n, nich? Folglichaweise macht er sofort bei die Pulpken künstliche Wiedabelebungsvasuche, nich? Und..."

„Moment doch mal, Frau Tickeldei! Hat sich die Pulpken nu mit Jas vajiften jewollt, oda wie war det?"

„Liebe Frau Schnaddern, warten Se doch erstmal ab. So erzählt et die Pulpken! Nu muß man naturjemäß ooch die Schiebelang hör'n, wat die dazu saacht!"

„Und wat saacht die?"

„Aba — Sie ham det nich von mir!"

„Frau Tik-kel-dei!!!"

„Na jut! Frau Kickelinski hier weeß ja von die Sache ooch Bescheid!" Ein merkwürdig spöttisches Kichern der Frau Kickelinski nahm Frau Schnadder, sichtlich verblüfft, zur Kenntnis.

„Und nu hör'n Se aba jenau zu", nahm die Tickeldei das Gespräch wieder auf: „Die Schiebelang dajejen erzählt die Jasjeschichte janz anders lang. Sie, saacht se, hätte schon lange wat jerochen, so hät's jeschtunken! Und det nach janz wat anderet als ... nach Jas! Bald zum Himmel hätt's ruffjeschtunken, wat for schamlose Schtielooogen die Pulpken ständich hin uff den strammen Buddebeen jeworfen hätte!"

„Aaa-ha!, also so is det! Jetzt erst fängt's langsam an zu tau'n bei mir!", meinte Frau Schnadder zu dieser Variation der Geschichte und tat ein wenig entrüstet.

„Oogenblick!", setzte Frau Tickeldei fort, „det is noch nich allet! Als die Schiebelang det nu intus hatte, war se uff ihr'n Nachtwächta und die Pulpken natierlich sehr vaschnuppt. Und paßte uff die beeden uff! Vor allem uff ihr'n Schlafburschen, wann der früh nach Hause kommt. Und als se nu an den bewußten Jasjeruch-Morjen den

Buddebeen an der Pulpken ihre Düre rumpolken
hörte... vonwejen die schon im ersten Weltkrieg jelernten Wiedabelebungsversuche, da..."

„Da wußte se Bescheed, wa?"

„Jenau! Und ob!"

„Und denn?"

„Na, Sie kenn' doch die Schiebelang'n! Jerne valiert doch die nich so'n pinktlich mietezahlenden Schlafburschen — der außadem noch een hübscha, und — wir vastehn uns doch, wa? — seltenpassabla Mann is! Mir persönlich... ick bin ja nu janich für eenen mit'n Schnurrbart! Mir würde ja der Schnurrbart bei dem Buddebeen stören. Aba, valleichte hat sowat unta 'ne Männerneese ooch seinen Reiz!"

Nach einer kurzen Lachpause ging's weiter im Text:

„Na, und wat wurde denn? Wat machte die Schiebelang nu?"

„Die Schiebelang'n, die, nich faul, und bei die Pulpken — jeklingelt! Sie klingelt und klingelt, und weil sich nischt rührt, trampelt se schließlich mit die Beene jejen die Düre! Endlich wird ooch uffjemacht. Ihr Buddebeen steht da wie'n Professor Sauabruch in'nem knackend vollen Leichenkella! Und uff't Sofa liecht, wie'ne erkältete Seekuh röchelnd, die Pulpken, vadreht die Oogen und schnappt nach Luft. Und nu, mit flatternde Lungenflüjel, erzählt Buddebeen seina Schlummamutta eene haarsträubende Jruseljeschichte, for die, wären davon Neunzehntel jeschwindelt jewesen, er for det vableibende eene Zehntel jlatt zwee Lebensrettamedalljen jekricht hätte. Kaltschnäuzich zeichta denn ooch noch uff die Kochmaschine, wo der Jaskocher druffsteht. Und kieke da, der Jashahn steht imma noch offen!"

„Na, denn hat's doch mit den Jas jestimmt!"

„Liiiebste Frau Schnaddern, warten Se doch erstman ab! Jestimmt hat schon wat, det heeßt: bei die beeden, den Buddebeen und die Pulpken! Bloß det, wodruff's ankam, det hat nich jestimmt! Et hat nämlich janich nach Jas jerochen!"

„Nanu — wat denn, Frau Tickeldei'n?! Nu bin ick aba vollständich jemulwe! Noch mal: Also, der Jaskocha ... Quatsch! Der Kochahahn ... äh, zum Dunnderwetta noch mal, also, der Jas-hahn, na endlich, also der hat offenjestanden, und trotzdem hätte et nich nach Jas jerochen? Wie erklär'n Sie sich denn det?"

„Horchen Se zu! Sie kenn' doch die Schiebelang! Der macht man doch so leichte nischt vor. Eene Schlummamutta wie die, die diverse Dutzend Schlafburschen in ihr Aftamietabuch drinnestehn hat, bei die könn' se doch nich landen! Also, wie die zwar den Jashahn offen sieht, aba nich die jeringste Spur von Jas in de Kiemen spürt, die raus uff'n Korridor und ... wat find' se? Der Haupthahn von's Jas war zuuu!"

„War zuuu?!"

„War zu!"

„Ach!"

„Nee, ach Herrjeh!"

„Wissen Se, Frau Schnaddern, ick finde ..., sowat Dußlijet von Dämlichkeit wie den Buddebeen ..."

„Find' ick ja ooch! Aba, wer denkt denn ooch in die Raasche imma jleich an allet?! Na, und kam noch wat hintaher?"

„Aba, Frau Schnaddern! Sie ham doch ooch die Einladungskarte jekricht! Druff lesen Se et doch klar und deutlich!"

„Na, denn jing doch noch mal allet in Ordnung! Und die Schiebelang'n?"

„Die platzt ze Hause vor Wut!"

„Na, nu weeß ick wenichstens, wie ick ma uff die Hochzeit zu benehm' habe!"

„Von allet könn' Se erzähl'n, Frau Schladdern, von allet! Nuuur, vameiden Se, irjendwat von's ‚Jas' oda von 'nem ‚Jaskocha' zu reden. Det würde peinlich vamerkt wer'n!"

„Vastehe! — Nur versteh' ick nich, wo unsre Bahn bleibt?"

„Ach, du lieba Jott, jetzt lese ick ja erst ... Wejen Jleisbauarbeeten is unsre Elektrische ja umjeleitet wor'n!"

„Und wo kriejen wa se?"

„Da müssen wa drei Straßen zurückloofen!"

„Na, denn aba mit Dampf! Denn die Hochzeit woll'n wa alle doch erleben, wat?"

„Na und ob!"

Der Jeburtstags-Aal

Noch ‚brühwarm' erzählte mir Frau Zastrowske, meine Flurnachbarin, die Geschichte von ihrem Aal. Völlig außer Puste erschien sie bei mir und begann folgendermaßen:

„Jott, Herr Liesejang... Herr Liesejang! nee, wat ick durchjemacht habe jestan und die Nacht! Hör'n Se bloß zu! Mein Mann saachte heute morjen: ‚Clementine', saachta, 'det is wat for Herrn Liesejang! Der varrenkt sich drieba de Kiemen vor Lachen! Det mußte den schleunichst azähl'n!'

Also passen Se uff. Der Reihe nach wer' ick Ihn'n... Also, die Jeschichte jing so an:

Jestan hatte mein Mann Jeburtstach, nich. Und, du lieba Jott, wenn man solange vaheirat' is wie wir, denn macht man ja nich mehr soville Menkenke an so'nen Tach, nich? Schön! Wat ick ihm aba zu jeden Jeburtstach mache, det is ‚Jriena Aal'! Se kenn' doch ‚Jrien'n Aal', oda? — So mit Petasieljensoße... Na, sicha keen' Sie ‚Jrien' Aal'!

Ick jeh also jestan, kurz eh' die Marchthalle dichte macht, zu mein' Fischfritzen, bei den ick imma koofe.

Und sage zu den, er mecht' ma doch'n zweepfünda Aal aus det Bassäng lang-en. Und ... saachte ick ausdricklich, er möcht'n ja dootmachen, den Aal! Denn, wissen Se, Herr Liesejang, ick kann allet, ick schenier' ma vor nischt! Aba ... 'n Aal ... so'n jlibbrijet-schleimijet Jewürm ... Brrrrr!

Nu weeß ick nich jenau mehr, wat ick den Moment jedacht — valleicht dacht' ick: ob ick mein' Oll'n zu Jeburtstach nich ooch'n Jurkensalat ...? Hinta mir lagen ooch jrade jriene Jurken! Und wie ick jrade so sinniere, da langt ma schon der Fischfritze den Aal in Zeitungspapier injewickelt rüba. Ick halt' det Netz uff und rin mit ihm!

Ick koofte noch det und det, und denn jing ick ze Hause.

Pletzlich ... Also ick saaage Ihn'n, Herr Liiiesejang, mir fröstelte et eisekalt den Rücken runta! Mitten uff de Straße blieb ick stehn ... ick ... Also et war jrauen-haft! Stell'n Se sich vor, Sie tragen een Einholenetz in de Hand und uff eenmal spür'n Se, det sich in det Netze drinne wat beweecht! Stell'n Se sich det mal vor!! —

Mein ersta Jedanke natierlich: Det Biest is lebendich! — Wissen Se, Herr Liesejang, wiie ick zu Hause kam ... ick weeß et nich mehr. Schweißjebadet hastete ick die Treppen ruff, det Netz hielt ick zwee Meta von mir ab — zum Jlück hatt' ick die Wohnungsschlüssel nich in't Netz drinne! Denn, wenn se drinne jewesen wär'n, nich for'ne Milljon hätt' ma eena dazu jekricht, in det Netz rinzefassen!

Kaum hatt' ick also die Düre uff, ick rin und hänge det Netz schnell uff de Klinke von de Küchendüre. Und richtich, ick kieke ... und da seh ick ... det sich der Aal tatsächlich noch beweecht. Det Netz schaukelte jeistahaft hin und her . . .

Nu ick alleene in die Wohnung! Am liebsten wär' ick schleunichst wieda jetürmt und hätt' uff de Straße jelauat, bis mein Mann kommt. Aba — det jing ja nu ooch nich. Fraaagen Se nich, Herr Liesejang, wie mir zumute war!

Aba et kommt ja noch ville schlimma. Jrade wie ick mein' Mantel an'n Haken hänge, da fällt ma mit Entsetzen in: Jott, wenn det Jewürm sich aus det Zeitungspapier rauswindet und aus eene Netzmasche rauskraucht . . . Uff't Küchenspinde wär' ick beinahe ruffjeklettat, bis mein Olla kommt! Ick fiebate jradezu vor Uffrejung bei den Jedanken! Wat mach ick bloß?!

Und da kommt ma 'ne Idee. Ick schlängel ma an det Netz vorbei in de Küche, jreif' ma den Feuahaken von de Maschine — zuvor jing ick in de Badestube, drück' den Stepsel rin und ließ Wassa in de Wanne loofen. Und denn, Herr Liesejang — lachen Se nich, vasetzen Se sich mal in meine Lage rin! — Denn angelte ick . . . janz — janz vorsichtich, mir det Netz mit den Feuahaken von de Klinke und sachtekin damit rin in de Badestube. Üba de Wanne denn ließ ick det janze Netz einfach fall'n. Mir war allet ejal! Der Zucka, det Mehl, die jriene Jurke . . . allet, wat in det Netz drinne war, eenfach rin!

Als die Wanne halbvoll Wassa war, drehte ick den Hahn zu. Und denn erst, denn atmete ick so richtich uff! Jott sei Dank!, stöhnte ick, det det Aalunjeheua . . Aba det Allaschönste kommt noch!

Wie mein Mann kommt, ick saß in de Küche und heulte! Und wie! Der janze Jeburtstach war mir wejen den vadammten Aal . . . Nee, Herr Liesejang, ick war untreestlich! Und nu erst mein Mann! Nee, sowat!!

Erst lachte er. Denn jing-en wa beede in de Badestube. Nu, natierlich, det Mehl . . . drei Suppenwürfel war'n ooch noch in det Netz, und'n Viertelpfund jemahl'na Kaffe ooch . . . Also det Wassa war eene trübe Brühe! Von den Aal natierlich . . . nischt zu sehn.

Nu mein Mann: ‚Na, wo is denn nu der Aal?!'

‚Na, da drinne!' saachte ick. Flüjels hatta ja nich!

Druff er: ‚Ick seh nischt! Wat haste denn bloß mit det Wassa jemacht?'

Nu azählt' ick ihm det Theata. Und denn — sowat unvaninftijet von Mann — meent er nich zu mir: ‚Bist ja histeerisch! Stellst dir an wie'n unvaninftijet Kind! Een Aal is doch keene Klappaschlange!!'

Und wat machta, er zieht aus de Wanne den Stepsel raus und läßt erstmal det Wassa aus de Wanne. Nach 'ne Weile . . . Herr Liesejang, et war'n firchtalicha Anblick! Selbst mein Mann — ick sah's, ick stand ja neben ihn — selbst der schüttelte sich.

Mang allet Möchliche, mang det Inholenetz, Papier, Mehl, Zucka — mein Portmannee laach ooch mit drinne — da wand sich der Aal rum! Und wahrhaft'jen Jott, er kiekte uns jroß an! Uff'n Kopp hatte er — wie'ne Braut in de Kirche — wat Jrienet . . . 'n Stengel Petasielje! Aus sah et . . . zum Kalte-Beene-Kriejen.

Nu der Olle! Vorerst angelte er mit den Feuahaken allet raus, wat nich rinjehört. Und denn, denn ließa wieda Wassa rin, und wieda Wassa ab, solange, bis die Wanne sauba war. Und denn ließa se wieda halbvoll loofen, damit der Aal wenichstens renet Wassa hat.

Nu aba — und so sind de Männa — jroße Klappe und von ‚histeerisch' reden, aba nu selba, nee!

‚Na, nu nimm doch den Aal raus!' meente ick zu ihm. ‚Du wollt'st doch so'n Held sint — lang'n doch raus!'

S e h n hätt'n Se ihn bloß soll'n! Wenn ick mir vorher, wie ick muttaseel'nalleene war, bloß dreimal jeschüttelt habe, er . . . er schüttelte sich wie'n Pudel, der in'n Flaum'mus jefall'n is! Janz zahm wurd'a!

‚Nee, Clementine', lispelte er direkte, ‚det schleimj'e Ding kann ick ooch nich anfassen!' —

Also scheen, der Aal blieb in de Wanne. Und ick machte mein' Mann Kottlett. Nich mal die deure Jurke wollta essen, weil se bei den Aal drin jewesen.

Nu nachts! Alpdricken hatten wa beede in de Betten! Zehnmal reicht nich, wir beede raus . . . kieken, ob der

Aal noch da is! Und jlooben Se ma, Herr Liesejang, wenn wa Licht jemacht hatten und an de Wanne schlichen ... denn, denn ... kiekte det Vieh uns an. Richtete sich im Wassa hoch ... Hrrrch, nee, sowat Jruslijet!! Ick träumte de janze Nacht ieba von Aale so dick wie de Siejessäule, die sich imma um mein' Bauch rumschlängelten! Ick saage Ihn'n, Herr Liesejang, jedetmal wachte ick mit'n Schrei hoch!

Mein Mann weckte natierlich von mein Jeschrei ooch uff! Und wenn wa uns beede ankickten, waren wa keeseweiß im Jesichte. Und keene Ruh' hatten wa, bis wa wieda in de Badestube war'n und uns übazeucht hatten, det der Aal ... Meina Lebtach vajeß ick die Nacht nich mehr! Und jeschwor'n ham wa uns ... und sei et zwee Sekunden vor'm Hungadoot, und vor unsre Neese bammelt der scheenste Spickaal oda in Jellee ... lieba de Oogen zu vor imma, aba noch mal Aal ... nee, neee!!

Na, und heute früh, mein Mann aus det Bette und runta uff de Straße. Ick schrie noch hintaher:

‚Wo willste denn bloß hin?' Er winkte bloß ab.

Nach'ne Weile kommta wieda oben und neben ihn steht'n wildfremda Mann. Hatta nich den ersten besten uff de Straße anjequatscht und den jefraacht:

‚Sagen Se mal, woll'n Se sich zwee Mark vadien' und'n fetten Aal dazu?' —

Natierlich — et war'n Mann, der jrade in de Fabrik wollte — saachte der nich ‚nee'. Jedacht hatta sich aba bestimmt, am hellalichten Morjen 'nen total Varrickten bejejnet zu sint! Er beruhichte sich erst, als ihn mein Olla uffklärte. Det heeßt, er beschwindelte den fremden Menschen nach Strich und Faden, der Feichling.

Saaachte zu ihn: wir hätten 'n Aal jeschenkt jekricht!
Nu täten wa uns leida aus Aal nischt machen, saachta
ooch noch. Und weil wa de Wanne nötich brauchten,
müßten wa nu den Aal irjendwem vaschenken. So mein
Olla!

Also der Mann krichte die zwee Mark, angelte sich
denn schlankwech den Aal aus de Wanne, als wenn der
Aal 'n Stücke Jummischlauch wäre ... wickelte ihn sich
in Packpapier, saachte ‚Danke schön' und haute wieda
ab. Sicha hatta sich draußen uff de Treppe — jedacht,
det wir beede, ick und mein Olla, uff Bewährungsfrist aus
Wittenau entlassen sind! Denn, det wa mindestens 'n
Vogel ham, det war woll det wenichste, wodruff er jeden
Eid abjeleecht hätte.

So, Herr Liesejang, so war die Jeschichte! Und nu
machen Se damit, wat Se woll'n. Wat ick aba jetzt tu, det
steht wie'n Fixstern! Jetzt sause ick in de Halle und kapp
ma den Fischfritzen. Deeeem wer' ick aba wat azähl'n,
det ihm die Jalle qualmt. Damit ick wenichstens eene
Jenuchtuung vaspiere!"

Is die Braut aba blaß...

An einem Nachmittag vor der Himmelfahrtskirche am Gesundbrunnen, am Rande des Humboldthains. Vor der Kirche, auf dem Bürgersteig, standen viele Menschen. Sie bildeten eine Gasse, in deren Mitte ein dunkelroter Teppichläufer zu einer mit zwei Schimmeln bespannten Hochzeitskutsche führte.

Meist waren es Frauen, die dort wartend standen. Frauen jeden Alters. Und Kinder. Kinder im Wagen, auf dem Arm der Mutter, an deren Händen oder Schürzen zerrend.

Nur wenige Männer waren darunter. Sie hielten sich mehr im Hintergrund. Taten so, als kümmerte sie diese kirchliche Feier dort gar nicht. Die Frauen dagegen sprachen miteinander. Sie sprachen gedämpft.

Eine alte Frau fiel mir auf. Ihr zahnloser Mund plapperte unentwegt. Niemand hörte ihr jedoch mit besonderer Aufmerksamkeit zu. Nur eine junge Frau, die mit ihrem Kinderwagen neben ihr stand, gab ihr ab und zu ‚etwas Öl' auf ihre Mühle. ‚Ja, ja, Mütterchen!' oder ‚Ganz recht, Mutt-chen!', so erwiderte sie ihr. Und die Alte redete und redete:

„Jott, zu meine Zeit — nee, det war doch janz wat

andret! Wie ick mit mein' Sel'jen ... Jott, wie lange issa denn jetzt eijentlich doot? — War det'n bildhibscha Mensch, kann ick Ihn'n vasichan! Bei de Jarde-Drajoners wara! Ick hab' noch'n Bild von ihn aus die Zeit! Leida issa druff kaum mehr zu erkenn'! Sein Kopp, wissen Se! — Da wohnte ick mal in eene Kochstube und die eene Wand hatte Schimmelpilze! Und jrade sein Kopp krichte von den Schimmel wat ab! Und nu woll't ick mal det Schimmlije mit'n feuchten Lappen abwischen! Sie jlooben jaanich ... die Fottejraffie, det, wat mal sein Kopp war ... Tagelang ha'ick nischt wie jeheult! Kenn' hätten Se ihn müssen, junge Frau! Det war'n Mann, saach ick Ihn'n! 'ne Seele von'n Mann! Ach ja!" —

Eine andere Frau. Eine robuste Dicke. Die sprach auf ihre Nachbarin ein:

"Wissen Se, zuerst wollte mein Bräutjam nich! Meente, det wäre Quatsch, so'n Hochzeitskleed! Det koste bloß übaflüßjet Jeld! Und denn hänge so'n Zumpel nur als Kompott for de Motten im Kleidaschrank! Nu aba icke! Und meine Mutta erst!! ‚Herr Broitjam von meine Dochta', stuhkte se ihn zurechte, ‚bei dir piekt et woll, wa? Solange ick noch wat zu saag'n habe — und noch is meine Dochta noch deine Frau nich', saachte se schlankwech, ‚solange jeht et bei die Hochzeit von meina Dochta so zu, det se sich nich zeitlebens vor de Leute zu Doode zu schäm' brauch! Meine Dochta jeht entweda mit'n anschtändijet Hochzeitskleed in de Kirche oda janich!' trumpfte se uff. ‚Und falls dir det nich paßt, Herr Schwiejasohn', jab se ihm Dunst und noch mal Dunst, ‚denn ... hat et sich ausjeschwiejasohnt, vaschtehste?!', saachte se. Na, und mein Oskar wurde druff kreideblaß um de Neese rum und jab kleen bei! Druff jing Mutta mit mir zu Ejon Jill, in den sein' ‚Salong Irene' in de Müllastraße, und ... een Jedichte von Hochzeitskleed ham wa jekooft! Sehn Se, hier oben Wallasjängse, echte Schpitzen, und da drumrum allet Kreppschorrsette! Und üba de Brüste so'n Jeknuddel aus Woahl, und hinten 'ne Idee Schleppe bloß. Und eenen Brautschleia hatte ick — damals war det doch so modern — vorne nur bis üba de Büste drübahängen ... hinten aba so lang wie die Schleppe von's Kleed! Ick saage Ihn'n, mein Oskar war so erjriffen! Er wimmate in eene Tour bloß: ‚Lottekin, aus siehste wie'n Hauch!' Und an starrte er mir ... Vor Bejierde bibberten seine Backen wie rote Jrütze! Und wat die Leute imma red'n, wenn eenem uff de Kirchentreppe wat passiert: det wäre denn een böset Odem in de Ehe und so! So'n Bleedsinn! Wat mein Schwiejavata is — der Vata von mein' Oskar, der ... jrade wie wir bei meine Hochzeit aus de Kirche kommen — tritt mir doch da det olle Kamel nich hinten uff den Schleia! Mir riß et bald'n Kopp ab. Und hintaher, durch den Ruck, kam ick natierlich uff die Kirchentreppe zu sitzen! Ick saage Ihn'n ..., det janze Feialiche war im Eima! Und die Leute erst! — Eene von meine Freundinnens, die Brautjungfa spielte — so'n langet, dürret Jestelle —, schreit die nich laut uff: ‚Uff'n Schleier jetreten — valernt det Beten!' — Ick saage Ihn'n, mir packte die Wut ... Ick uffjesprungen und ihr eene jekleistert ..."

Durch ein gezischtes „Ruh'ch, jetzt komm' se!", wurde die Dicke in ihrer Schilderung unterbrochen. Es war aber falscher Alarm. Eine Frau beruhigte:

„Se komm' noch nich! Det is erst der Küsta! Der macht bloß die Dören uff! Und denn hat's ooch noch nich schlußjeorjelt! Und die Jlocken bimmeln ooch noch nich!"

„Richtich!, erst muß et ja orjeln!" erklärte zustimmend

die Dicke. „Bei meine Hochzeit war det ooch so! Ick erinna mir jenau: der Pasta spricht'n Sejen, dabei fang'n de Jlocken an zu bimmeln..."

Da fingen sie an... zu bimmeln!

„Pschscht, jetzt! Jetzt komm' se!"

Alles verstummte, starrte wie fasziniert zur Kirchentür. Die Innentür öffnete sich... Auch das... ‚Schlußjeorjele' war zu hören.

„Schubsen Se doch nich so, Sie! Komm' Se früha, denn ham Se ooch Platz!" schimpfte die Dicke.

Die Schubsende gab, betont anzüglich, zurück:

„Ausjerechnet Sie brauchen sich nich ooch noch mehr uffblähn als Se schon sind!"

„Wat woll'n Se'n damit jesaacht ham, hm?!" fletschte die Dicke daraufhin durch die Zähne und schwang bedeutungsvoll ihr molliges Patschhändchen.

„Halt de Backen!" —

„Pscht! Ruhe, ja!" —

„Schtille jetzt — se komm!" —

wurde von da und dort gerufen — mit Erfolg. Still wurde es. Und dann trat das Brautpaar aus der Kirchentür. Zwei kleine Mädchen, mit vor Verlegenheit brennendroten Gesichtchen, trippelten voraus und sträuten Blumen auf den Teppich. Und schon begann die Kritik der Zuschauenden. Spitze, zum Glück nicht treffende Pfeile, schnellten von den Zungen, und nur die Zunächststehenden vernahmen ihr Schwirren:

„Sehn Se bloß, seht doch nur... Jott, is die Braut aba blaß! Die hat's dootsicha an de Lunge, sa' ick Ihn'n! Die hatta nicht lange! Det sieht man doch!"

„Wenn det Brautkleed nich von Omama ihr's zesamm'jefummelt is, will ick ‚Sträußelkuchen' heißen!"

„Und der Broitjam erst! Den hat se sich bestimmt mit 'ne Harpune aus een Uffanglager for jeistich Mindabemittelte rausjepickt!"

„Kiekt bloß, 'n Frackschniepel hatta ja ooch an!"

„Sieht drin aus wie det naßkalte Jrauen bei eenem Orkan uff'n Plötzensee!"

Das Brautpaar schritt jetzt in feierlicher Würde die

Stufen hinunter. Nun kam die Brautgesellschaft... in Schußlinie:

„Herrjeh, Kinda! Seht euch Schwiejamuttan an! Die leuchtet vor Triumpf, det se'n Doofen vor ihre Tochta jefunden hat, jenauso wie die Soffneese von Schwiejapapan!"

„Und det da hinten is sicha Onkel Hesekiel mit'n Zungenfehla! Der hat'n Ausjangsschein vom Altasheim for Nesselfiebakranke!"

„Kiekt mal, Schwiejaeltern loofen im vakehrten Tritt!"

„Det macht die Uffrejung! Wat meint ihr denn, wat et die lieben Eltan for Nerven jekost hat, die beeden durch'n Pasta uff 'ne Doppelbettkautsch festezulöten! Schwiejamama wollte doch partuh eenen uneh'lichen Jrafensohn mit Senkfüße, und Schwiejapappa eene von's Nackttanz-Ballet, die sich zum Küssen erst een Pingsenee uffsetzen muß!"

Immerhin — so niederträchtig sich die Schar der Neugierigen auch betrug, als die Hochzeitsgesellschaft noch weit von ihr entfernt war, um so netter gab sie sich jedoch, als die Brautleute und die Hochzeitsgesellschaft durch die Gasse der Spalierbildenden schritten.

Ein ‚Ah!' und ‚Oh!' ertönte von allen Seiten, und so — für die Ohren des Brautpaares schmeichelnd zurechtgemacht — hörte man:

„Jott, is'se nich süüüß?!" —

„Un'n hibscha, stramma Mann, wa?!" —

„Det Jlück, wat beede aus de Oogen strahlt, nich?! Neidisch könnte man direkt wer'n!"

Als die Schwiegereltern vorüberrauschten, rief ein Spötter ihnen zu: „Na, wo wird'n die Hochzeit jefeiat? Sicha im Ratskella bei Carlchen Summ, wat? Sollte noch een

Jast fehl'n, bitte, schenier'n Se sich nich — Ick schließe mir jerne hinten an! Bin ooch nich übamäßich jefräßija als die andan Jäste!"

Dann klapperten die Pferdehufe. Die — selbstverständlich — weiße Hochzeitskutsche verschwand, und das Volk des Weddings winkte ihr lachend hinterher. Mehrere Taxen ‚schleppten' die zurückgebliebenen Angehörigen und die Hochzeitsgäste ab. Ein Teppich wurde zusammengerollt, und dann erinnerte nichts mehr — wie man's so nennt — an die schönste Erinnerung im Leben von Mann und Frau, an die feierliche Stunde vor dem Traualtar!

Allein die alte Frau, deren ‚Jarde-Drajona' der Schimmelpilz so übel mitgespielt, sie blieb zurück. Sie sammelte die dem Brautpaar auf den Weg gestreuten Blumen auf, tat sie zu einem Sträußchen zusammen — und während sie sich einige Tränen aus den Augenwinkeln wischte, ging sie langsamen, verträumten Schrittes dem Humboldthain zu.

Deine Sorjen uff 'ne Stulle

Am Schlesischen Bahnhof stiegen sie ein, die beiden. Sie nahmen in dem fast leeren 3. Klasse-Abteil, mir gegenüber, Platz. Während die Stadtbahn ihren Weg dem Westen zu fortsetzte, zog er umständlich eine Zeitung aus der Tasche und begann zu lesen. Sie dagegen kramte in ihrer Handtasche, entnahm ihr eine angebrochene Rolle Drops, riß das Papier ab und steckte einen Bonbon in den Mund. Danach sah sie, laut lutschend, aus dem Abteilfenster.

Beide bildeten zusammen — unzweifelhaft ein Ehepaar. Eins... so kurz nach dem Silberkranze! Ich war in meine Gedanken über die beiden versunken, da stieß sie ihn mit ihrem Knie an und meinte:

„Weeßte, hier möcht' ick nich wohnen! Nich um de Welt!"

Er sah kurz auf, versuchte zu begreifen, was seine Frau eigentlich meinte. Dann fragte er: „Wat möch'ste nich?"

„Herrjott, det man dir aba ooch allet zweemal saag'n muß! Hier wohnen möchte ick nich!" Den letzten Satz betonte sie mit Nachdruck.

Er ließ die Zeitung sinken, blickte auch zum Fenster hinaus und erwiderte: „Wenn de dir doch bloß vaständlich ausdricken würdest, wär' et ville deutlicha! Nu noch mal von vorne: Wat willste eijentlich?"

„Du lieba Jott! Hör doch zu, wat man dir saacht! Jetzt saach ick et det drittemal: Hier möcht' ick nich wohnen!"

„Wo denn bloß, Malwine? Wir fahr'n jetzt uff Jannowitzbrücke zu und..."

„Mann", unterbrach sie ihn, „ick meene doch: in eens von die Häusa hier! So hart an de Bahn! Vaschtehste denn imma noch nich?"

„Ach so! Jetzt klingelt's erst bei mir! Und warum möch'ste hier nich wohn'... an de Bahn?"

„Na, kiek et dir doch an! Man kann die Leute ja bis uff de Tapetenmusta in de Zimma rinkieken! Det wär' mir wat!"

„Zu wat du dir darieba bloß uffreechst, vaschteh ick nich! Erschtens wohnste hier nich! Und wenn de hier wohn' tät'st, denn ziehst'n Vorhang oda de Jardine vor, und keena kann dir in de Fensta kieken!"

„Det weeß ick alleene, Mann! Aba det Jefiehl, det eena rinkieken kann!"

„Meechen, deine Sorjen uff 'ne Stulle... keene Flieje würde satt von wer'n! Is det allet, wat de wolltest? Denn kann ick ja wieda meine Zeitung lesen, wenn de nischt dajejen hast?!"

„Entschuldije! En'schuld'je, det ick mal wat jesaacht habe! Lese bloß in deine Zeitung, Horrjottojott!" Sie wackelte empört mit dem Kopfe, zog die Lippenecken 'runter und tröstete sich danach eine Weile mit ihren ‚Sauren Drops', von denen sie diesmal drei auf einmal in den Mund schob. Dadurch hatte sie eine Beschäftigung, und bis Alexanderplatz knirschte und krachte es in ihrem

Munde! Sie zerbiß und schluckte die Drops, und gleichzeitig auch ihren Ärger hinunter.

Kurz hinter dem Bahnhof fing sie dann von neuem an:
„Also, nu bitte — nu kiek dir det doch bloß mal an! Bitte, kiek doch eenmal hier raus! Ick vaschteh die Leute nich! Wie hier bloß een Mensch hinziehn kann, det bejreif' ick einfach nich! Könn'st du hier wohnen? Saach mal?!"

Mit einem deutlich zu hörenden Seufzer ließ er die Zeitung sinken, beugte sich vor und tat — man bemerkte, mit welcher Unlust — seiner Frau den Gefallen, dorthin zu blicken, worüber sie ihr ständiges Mißfallen äußerte. Und er wollte und wollte nichts sehen! Ihn interessierte es gar nicht, ob dort jemand gleich an der Bahn wohnt, dem man in die Fenster ‚kieken' kann! Er zwinkerte wie ein verschlafener Dackel durch die Scheibe und hörte zu, was ihm seine Frau weiter zu sagen hatte. Und wie er zuhörte! Ein ziemlich weinerliches Gesicht zog er dabei ...

„Nu schtell dir bloß vor, wir wohnten an de Bahn! Janz abjesehn von den Krach, Tach und Nacht det Jerumple von die Züje ... varrickt würd' ick jlatt bei wer'n! Und du siehst ja, jenau kann man die Leute rinkieken! Kiek bloß! Da drieben näht eena Nähmaschine — sicha'n Schneida! Und da, da pellt eene Ka'toff'ln! Und da — wat saachste dazu — da kämmt sich soja' eene de Haare! An't off'ne Fensta! Und in't Hemde noch dazu!!"

Er riß die Augen auf und rief:

„Wo kämmt sich eene in't Hemde?"

Sie stutzte. Mißtrauisch sah sie ihren Mann an und: „Natierlich! Dir braucht man bloß wat von een fremdet Hemde zu azähl'n! Da reckste jleich'n Hals wie'n Jänserich! Valleicht fährste noch mal zerick?! Denn siehste die Person noch!" — Ihre Finger trommelten dabei Sturm auf der Handtasche.

„Pardon, jnädije Frau, det ick ...", tat er nun seinerseits beleidigt und griff nach seiner Zeitung, „... det ick ma um det kümmate, wat du mir zeijen wolltest! Det nächste Mal fahr'n wa mit de U-Bahn! Da brauchst du dir nich uffzurejen! Und ick brauch nich nach fremde

Hemden zu kieken! Entschuldijen Se, Frau Malwine Schnirpel!" Er riß mit einem Ruck die Zeitung hoch und vertiefte sich in diese.

Sie fand darauf keine Worte und ... auch keine Drops mehr in dem Papier. Ärgerlich warf sie die Umhüllung auf den Boden. Dann schielte sie ihren Mann an, zuckte die Achseln und lehnte sich an die Bank zurück. Eine Weile war Ruhe und Frieden. Er las, und sie schloß langsam die Augen.

Der Zug fuhr aus dem Bahnhof ‚Börse' heraus.

Kurz vor dem Lehrter Bahnhof öffnete sie die Augen, orientierte sich.

„Wo sind wa denn eijentlich jrade? Muß doch jleich ‚Bellewüh' sint, wat?"

Ehe er antworten konnte, schrie sie aber los:

„Also, nu schläächt's dreizehn! Mann, hier is et ja noch schlimma! Hier kann man ja de Leute bald de Nippsachen von't Wertikoh pusten! Wenn de hier bloß willst, kannste ja den Leuten von de Bahn aus de Jasuhr ablesen!"

„Malwiii-ne!" brummte es von ihrem Gatten her, „du kommst ma aba albern vor! Nimm ma't nich übel! Wat jehn dir denn bloß fremda Leute Wohnungen an, saach ma det bloß? Ick fahre hier secksmal de Woche hin und zerick ... meenste, ick kümma mir een eenzijet Mal darum?"

„Na, duuuu!"

„Natierlich ick!"

„Du wirst woll noch jestatt'n, det ick rauskieken derf und meine Meinung äußan, oda?!"

„Denn behalt se doch um Himmels will'n for dir! Haste denn ja keene andan Sorjen als wie dir uffzurejen um fremda Leute off'ne Fensta? Oda sind deine Dropse alle? Drei Roll'n haste doch vorhin erst jekooft?!"

„Willste mir ooch det noch vorwerfen? Det fehlte ma jrade noch! Det eenzichste, wat ick ma leiste, sind mal ab und zu 'n paar Dropse! Andre Frau'n schmier'n sich de Woche for fümf Mark Puda an de Backe ... und mir wird'n unschuldijet Vajnüjen ..."

„Ick jloobe, du brauchst jetzt wieda zwee Taschentücha, wat?" knurrte jetzt der Mann. „Sowie man dir ooch wat saacht, kommste von't Hundatste ins Dausendste! Meinswejen koof da'n Handwagen voll Dropse! Jurjeln kannste se meinswejen! Schnupfen kannste se ooch noch! Ick meene bloß, du töt'st ma bald den Nerv mit dein Fenstarinjekieke! Laß ma doch zefrieden mit den Bleedsinn! Pfeif dir wat, wenn de nich weeßt, wat de machen sollst! Laß mir aba in Ruhe!"

Der Zug fuhr in den Bahnhof ‚Zoo' hinein.

„Jott sei Dank, ‚Zoo'! Komm und hör uff ze heul'n. 'n Vajnüjen is det mit dir! Wenn man schon mal mit dir in'n Zoo jehn will!"

„Am liebsten möcht' ick wieda ze Hause, det kann ick dir sag'n!" kam es hinter ihrem nassen Taschentuch hervor. Beide verließen den Zug.

Als der Zug weiterfuhr, sah ich sie noch mal im Vorüberfahren. Er rannte wie ein wütender Stier dem Ausgang zu, und sie ... sie schleppte sich, wie hinter einem Trauerzug als Hauptleidtragende, hinterher.

„Viel Vergnügen!" rief ich beiden nach. Aber sie hörten mich nicht mehr.

Mutter Schlabbes Weihnachten

Wenn ich später einmal ... später, wenn ich alt und grau geworden bin, in meinem Lehnstuhl sitzen werde — wenn ich Fliedertee trinken muß und unter dem Fußkissen eine Wärmflasche brauche, um auf dieser meinen schon mit Kamelhaar isolierten Füßen ein Wohlbehagen zu bereiten — wenn es einmal soweit mit mir gekommen ist, dann werde ich in einem kleinen Buche blättern, dessen Deckelschild den Titel trägt: ‚Mein Wedding'!

Ich werde dann die erste Seite aufschlagen und dort eine Überschrift finden: Mutter Schlabbe.

Mutter Schlabbe ist, wie man oberflächlich sagen kann, ein altes Mädchen — ‚ne olle Jungfa', könnte man noch hinzusetzen. Sie wird heute so ‚kurz hinter Sechzig' sein und hat ... ‚noch keenem Menschen wat zuleide jetan!' So spricht der Wedding über sie, jener Wedding, der aus vielen, vielen hunderten Mietskasernen zusammengesetzt ist, deren jede einzelne ‚een Dorf for sich is, wo eena den andan bessa kennt ... als der Betreffende sich selba!'

In einem dieser ‚Dörfa' — in einem Hinterhause, von dessen mit Geranien, Fuchsien und einem Schnittlauchtopf garniertem Fenster man ‚uff de Panke kieken kann' — dort wohnt Mutter Schlabbe in einer Kochstube.

Nun — ehe ich die Geschichte Mutter Schlabbes erzähle — ist es unbedingt nötig, zu erwähnen, wie ich sie kennenlernte.

Vier Jahre sind es jetzt her. Da traf ich eines Vormittags im Humboldthain, dem natürlichen Ozonmotor des Gesundbrunnens und Weddings, eine vor sich hinschluchzende Frau, die ein zusammengeknülltes Taschentuch in den zitternden Händen hielt. Da ich nun ... auch ältere Frauen nicht weinen sehen kann, fragte ich teilnahmsvoll:

„Aber Mutterkin, warum weinen Sie denn so schrecklich?"

„Dreiz'n Jahre ... drei-zehn Jahre, nee, nee! Heute will ick ihn runtanehm' und ihm Futta jehm und ... da laacha doot in de Ecke! Doot, mein Piepel..."

„Ihr was? Ihr Piepel?"

„Ja, mein Piepel! Jestan hatta noch gesungen, det heeßt er konnte ja bloß noch so'n bißkin fiepen! Aba, wenn ick ihn anrief: ‚Na, Piepelkin, nu sing doch mal — sing doch!', denn ... ick jloobe, er hatte schon det Asthma.

Aba'n paa' Teene quälte er sich doch noch aus'n Halse. Und wie ick nu heute früh an sein' Baua ranjeh, da... da laacha da.. de Beene in de Luft... nee, neee! — Na, und nu will ick ihn beerd'jen!", schluchzte sie mir zu. Was blieb mir weiter übrig: Ich ging als einziger Leidtragender mit in den Humboldthain. Mittels eines Blechlöffels, den sie mitgenommen hatte, half ich der Alten, ‚Piepelkin' eine würdige Ruhestätte zu schippen! Und dann führte ich eine vollkommen zusammengebrochene Mutter Schlabbe nach Hause. Unterwegs lud sie mich ein:

„Zum Kaffe — nee, det dirfen Se ma nich abschlag'n! Komm' Se doch mit, ja? Wo Se mir doch so scheen bei jeholfen ham, det Piepelkin ..." Der Rest war eine Gießkanne voll Tränen. Und ich ging mit. So lernte ich sie kennen.

Später, nachdem wir uns ‚beschnüffelt' hatten, erfuhr ich auch ihre Lebensgeschichte:

„Ick hab' ma meina Lebtach nur jequält! Hab jeschuff't und hab' ma abjerackat! Und als ick'n Schparkassenbuch hatte, da ... kam 'n Kerl, und ick dämlijet Luda ... seit die Zeit hatte ick die Neese voll! Ick fing noch mal von vorne een Schparkassenbuch an! Und ... und denn, wie det so is ... man lebt ja bloß eenmal uff de Welt ... Er war irjendwo uff een' Jut Forstjehilfe — 'n bildscheena Mensch! Und so bescheid'n. Als ick ihm mal zwee Hemden schenkte zu Jeburtstach, Jott, hat sich der Mensch jeschämt! ‚Klara', hatta jesaacht, ‚Klara, det jeht zu weit!' Und ick hab' ma wahrhaft'jen Jott nischt Schlimmet bei jedacht! Von Heiraten und so, ick hab' valleicht von jeträumt, aba ... Und eenet scheenen Tages, da kriej' ick'n Brief: ‚Du edlet Meechen', stand drin. Er machte imma soville Schnörkel bei't Jeschreibe — kaum lesen konnte man't. Und weita schrieb er, For meine Laufbahn ... Ick hab' nischt, du ooch nischt' ... Also kurz und jut, er heirat' die Tochta von'nem Ka'toffelhändla!

Also, det war der letzte! Keen Vorwurf ihm! Nee, so bin ick nich jewesen. Aba det Herz, mein Jemüt, det krichte 'ne Backpfeife! Aus! Aus und nich mehr wieder, det ha' ick ma damals jeschwor'n.

Und seit zwanzich Jahre, ick hatte ma in Berlin een Plättjeschäft uffjemacht, jedet Weihnachten, da schickte er mir eenen Hasen. Eenen selbstjeschoss'nen Hasen. Nischt laach bei als'n Zettel: ‚Friedrich'."

Das erzählte mir Mutter Schlabbe aus ihrer Vergangenheit. — Eines Tages, spätnachmittags, kommt ein Junge zu mir. Mutter Schlabbe schickte ihn: „Sie mechten doch schnell mal rumkomm'! Wenn't jeht, jleich!"

Eine halbe Stunde später klopfte ich an Mutter Schlabbes Tür. Sie öffnet, sie strahlte über das ganze Gesicht und meinte:

„Leejen Se ab! Hier, Se kenn' ja den Haken!" Und wie ich meinen Mantel anhänge, da entdecke ich ... einen Försterhut, einen Jägermantel ...

Fragend schaue ich die Alte an.

„Nu komm' Se man erst rin! 'ne Übaraschung!!"

Sie führte mich in ihre kleine Kochküche. Dort saß leibhaftig ..., Mutter Schlabbe stellte ihn mir vor:

„Det is ... Det is ... Ja, det is eben Friedrich! Se wissen ja, Herr Liesejang. Ick hab' ihn jesaacht, det ick Ihn'n ..."

Vor mir stand ein alter, prächtiger Herr. Ehe ich überhaupt zu Worte kam, um die Situation nur halbwegs ... Wir geben uns gerade die Hand, stellten uns kurz vor, da erzählt Mutter Schlabbe schon:

„Ick denke, mir haut eena in de Kniekehl'n. Ick mach uff, und wer steht draußen: Friedrich! Mei... nee, der Herr Oberförschta! Herr Liesejang, mir liefen de Tränen bloß so runta! Denken Se, bald dreißich Jahre ham wa uns nich... wat, Friedrich?"

Eine schreckliche Situation! Für mich und auch für — ,Friedrich' ...

Die Glücklichste von uns dreien war Mutter Schlabbe.

„Und den Hasen! Sehn Se sich bloß den Hasen an!!" jubelte sie mir zu, rannte ans Fenster, schloß es auf und holte vom Blumenbrett einen Hasen herein. Anfassen mußte ich ihn — fühlen mußte ich:

„Und det Fett, wa? Hat der'n Fett, wie? Is det'n Hase, oda is det keen Hase, wat?" —

Friedrich bot mir eine Zigarre an. Ich rauche sonst keine! Aber ich nahm sie. Sie half mir und dem Friedrich über vieles hinweg.

Und Mutter Schlabbe: „Det ick det noch mal erleb'n würde, nee! Nee, det hätt' ick ... Sitz ick da in meine Kiche und die Kälte, die ma so schrecklich ... Und uff eenmal klingelt's! Und ick mach uff und ... Jott, Friedrich, weeßte noch, damals mit de Hemden? Wo du mir ..."

Geistesgegenwärtig gab ich ein alles übertönendes Gekrächz von mir.

„Ja, ja, Friedrich, so is det!" flüsterte die glückliche Schlabbe mit roten, heißen Wangen. „Wenn ma eena jestan jesaacht hätte, wat ick noch for'n Weihnachten ... Friedrich, du jloobst ja jaanich, wie jlücklich mir dein Besuch jemacht hat. Und drei Jungs hatta!" rief sie mir zu. „Denken Se bloß, der eene is bei's Milletär, und die zwee andan sind ooch schon jroß! Und wat det Traurichste is, seine Frau — die von den Ka'toffelhändla — Jott hab' se selich! Ach Friedrich, weeßte, nu sind wa beede alt und ... Ja, und wat nu? — — — Weeßte Friedrich, weeßte, et war man nur imma een doota Hase, den de mir jedet Weihnachten jeschickt. Aba, jloob ma, imma, wenn ick ihn auspackte — mit Tannens hast'n imma injepackt — et duftete ... et roch so ... et erinnate mir imma an die Zeit, wo wir, wo wir beede ... Ach, Friedrich, wat is det bloß for'n dämlijet Leben? Saach ma det! Wat hatt' ick von?! — Du bist'n jroßa Herr jewor'n, 'n Herr Obaförschta! — Und ick..., aus die kleene Klara ... aus det kleene Meechen ... Weeßte noch, Friedrich, wie wa imma sangen: ,Ja, im Wald, da sind die Jä'äga, die Jä'äää, die Jä'äga, die vaf ...', Oh, Friedrich!, det du mal nach'n Wedding find'st! Du!! — Nee, nee, ick bin ja sooo jlücklich! Und, Herr Liesejang, Se wer'n ma det wohl nich va'übelnehm', wa, det ick ... Friedrich hat ooch nischt dajejen! Ick hab' ihm doch azählt, det Sie ... Und er reist ja heut' abend schon wieda ab. Und wer weeß, ob wa uns beede jemals im Leben ... ick jloob et nich! Und wat erst die Leute in't Haus red'n wer'n! Die ham ihn doch ruffkomm' sehn! Er hat doch jefraacht, wo ick wohn' tu! Und ausjerechnet die Schlapkowski unten vom Pa'terre, bei die hatta nach mir jefraacht!"

Eine halbe Stunde später gingen wir — Friedrich und ich.

Gingen die Treppen hinunter, und von oben rief's:

„Fall bloß nich, Friedrich! Paß ma bloß uff, dette nich fallst!! Keene ruh'je Schtunde hätt' ick mehr, wenn dir bei mir wat passiert!"

Ich schloß ihm die Haustür auf. Bot mich an, ihm den

Weg zu zeigen. Er dankte und ging. Ging mit weitausgreifenden Schritten von dannen.

Weihnachten! — Dort ging Friedrich ... und oben, in ihrer Kochstube, sitzt jetzt Mutter Schlabbe und ... summt vielleicht vor sich hin: ‚Und im Wald da sind die Jä'äger ...'

Meine gute, alte Mutter Schlabbe — wenn ich einmal alt bin, alt und grau, dann ...

Reden wir bloß nicht darüber! Bloß nicht ...

Ja, ja, wie die Zeit verjeht ...

An einem Regentage, spätnachmittags, im Omnibus Richtung Gesundbrunnen.

Müde und abgespannt von der Tagesarbeit in den Fabriken und Kontoren hockten die Menschen auf den Bänken, dösten vor sich hin oder hielten die Augen geschlossen. Eine graue Elendsstimmung — verständlich bei solchem Wetter — lastete im Wagen. Dazu greinte in einer Ecke unaufhörlich ein Kind, und ein dicker Mann hustete pausenlos, und zu alledem roch es nach nassen Kleidern und nach Mottenpulver.

Plötzlich, kurz nach einer Haltestelle, ein fanfarenartiger Aufschrei, dazu die Worte:

„Herr meinet Lebens, wat seh ick!? Sind Se's oda sind Se's nich, Frau Pitschke?!"

Und von einer Bank kam die Antwort, ein jauchzendes Kreischen:

„Jott nee, sowat aba ooch! Wo komm' Siiiie denn her, Frau Knullmann?!"

Selbst der dicke Mann hörte zu husten auf, so schreckhaft wirkte diese Begrüßungsszene auf die Fahrgäste. Alles drehte sich um. Köpfe, die im Halbschlaf mit dem Kinn auf dem Schlips lagen, fuhren hoch, und mit einem

Male war alles munter. Blieb munter, denn Frau Knullmann baute sich vor Frau Pitschke auf — einen Sitzplatz gab es nicht — und dann, für jedermann verständlich, erzählten sich die beiden Frauen folgende Einzelheiten aus der Vergangenheit, Gegenwart und Zukunft:

„Nu saagen Se ma bloß mal, wo komm' Sie denn her? Ick denke im ersten Momang, seh ick nich richtich!? Det is doch die Pitschken!, sah ick doch jleich!"

„Ja, ja, die Welt is'n Dorf, ha' ick imma schon jesaacht. Nu erzähl'n Se bloß mal... Jott, wie lange ham wa uns denn eijentlich nich jesehn? Warten Se mal... Wie jeht's denn übahaupt Ihr'n Mann? Der is doch bei die Feiawehr, wenn ick ma nich irre, wa?"

„Nee, bei die Straßenreinijung!"

„Ach nee! Und wo wohn' Se denn jetzt?"

„Mir wohn' jetzt in de Brunn'straße, Westsekta natierlich!"

„Uff de Plumpe? Nee, sowat aba ooch! Dort wohn' Se. Und ick wohne Exazierstraße! Schtell'n Se sich vor, wir wohn' beede fast uff eene Backe und ham uns nie nich jetroffen! Is det nich ulkich? Nu lassen Se sich doch mal ankieken... Eene Beleuchtung is det wiedamal in den Omnibus, Hals und Beene kann man sich bei brechen! Ja, wat denn nu? 'ne Kiepe voll Fragen hätt' ick! Ach so, ja, wat macht denn nu Ihr Mann? Se hatten doch ooch Kinda, nich? War'n et nich zwee Jungs? Oda war'n Meechens mit bei?"

„Nee, Sie mein' jetzt meine Schwesta, die Irmgard! Och, der jeht's jut! Man kann fast sagen, sehr jut jeht's ihr! Von ihr komme ick jrade! Sie kenn' doch noch meine Schwesta, nich?"

„Aba, wo wer' ick denn Ihre Schwesta nich kenn'! Als

wenn se vor mir steht, erinna ick mir an se! Hatte se nich'n Lebafleck uff't Kinn?"

„Nee, det is mein Mann. Der hat eenen, aber mehr jejen det Ohr zu!"

„Richtich, richtich — natiiierlich! Saagen Se mal, erinnan Se sich noch an den oll'n Köhla? Den Fritze Köhla aus 'Tejel?"

„War det nich . . ."

„Janz richtich, der, der mir damals doch heiraten wollte!"

„Und wat is mit den?"

„Ja, wat saagen Se dazu — so'n Kamel! Et stand soja' in de Zeitung!"

„Wat hatta'n ausjefressen?"

„Ausjefressen nischt, aba . . . ausjesoffen! 'ne janze Pulle Schteinhäja, denken Se bloß! 'ne Wette hatta jemacht, eene Pulle hintananda auszetrinken! Und . . ."

„Und?"

„Vorjestan war de Beerdijung! 'ne Unmasse Leute war'n da! Hintaher saßen wa noch jemütlich bei'ne Tasse Kaffe, und wat soll ick Ihn'n saagen, wen treff' ick da? Raten Se mal, wen ick jetroffen habe! Sie kenn' ihn ooch, janz jenau soja'!"

„Ja, wie soll ick . . .?"

„Na, denken Se mal an den Kostümball bei ‚Tante Wackelwade' in de Schosseestraße. Ick jing damals als Nümpfe und Sie als Abend-, oda war't nich der Polarschtern? — Wissen Se nich mehr, wie Ihn'n eenmal der Schtern vom Kopp fiel, mitten in de italjeenschen Salatbrötchen rin? Ham wir jelacht, wa?"

„Und wie ham wa jelacht!"

Wie beide damals gelacht hatten, wurde nun nochmals, nach vielen Jahren, in dem Omnibus wiederholt!

„Ja, wat wollt' ick denn jrade sagen? Von wat sprachen wa denn ebend jrade?"

„Ja, von wat? Durch det Lachen sind wa völlich . . ."

„Halt!, ick hab's, Frau Knullmann! Ick traf doch jemanden, den Sie ooch jekannt. Raten Se mal, wen?"

„Ja, du lieba Jott . . ."

„Also, Sie komm' nich druff, wa? Na, denn wer' ick Ihn'n mal . . . Sie, da fällt ma jrade in, Sie missen zu mir mal zum Kaffe komm'. Mein Mann freut sich achteckich, wenna Sie wiedasieht! Wir ham uns doch soville zu erzähl'n! Wie jeht's denn übahaupt Ihr'n Mann? Von den ham Se ma ja noch jaanischt erzählt!"

„Jott, wat solla machen, Frau Pitschke! Imma detselbe. So wie früha natierlich ... Nee, det krasse Jejenteil! Sie kenn' ihn nich mehr wieda! Kommta ze Hause, denn die Laatschen an, denn sitza an sein' Radio und da murksta dran rum bis um zehne. Und denn issa dootmüde, und jeht penn'! Mir sind alle nich mehr die Jüngsten, Frau Pitschke!"

„Na ja, schon! Soll ja sint! Aba ... Jott, nach wat schtinkt denn det hier bloß in dem Wagen?! Riechen Sie denn nischt, Frau Knullmann? Schon die janze Zeit steicht ma der Jeruch in de Neese! Bei det olle Dreckwetta kann man ja nich mal de Fensta uffmachen! Ick habe den Schnuppen man jrade erst hinta mir."

„Sie ooch? Na, aba ick hatte eenen Schnuppen, sa'ick Ihn'!"

„Aba meina erst! Jott, wat is det bloß uff de Welt?! Jeda hat'n Schnuppen, is erkält'! Wo sind wa denn übahaupt? Is det nich schon Badstraße?"

In diesem Augenblick beugte sich Frau Knullmann zu Frau Pitschke hin und flüsterte ihr ins Ohr:

„Hör'n Se den Dicken da drüben krächzen? Det jeht eenem ja durch Mark und Fennje! Det is ja reene Leutebelästijerei, sowat! Wenn ick Schaffna wär', sowat mißte mir aus'n Wagen raus!"

„Ja, wat! Jenau die Ansicht bin ick ooch! Sehn Se doch bloß mal hin. Dem hängen ja schon de Oogen wie Christboomschmuck raus! Schlecht kann eenem ja bei wer'n!"

„Ick meine: soville Ricksichten mißte man als Mensch schon uff andre Menschen nehm', det man mit so'nen

Pferdehusten zu Hause bleibt und schwitzt. Nu hör'n Se sich det Jekrächze bloß an!"

„Ick heere ja! Mir rieselt's schon lange den Rücken ruff und runta. Wär' ick man bloß mit die Lektrische jefahr'n, wie ick jleich wollte. Der Dicke mit sein' Jehuste knabbat eenem ja direkte an de Nerven!"

„Und wat for Bazill'ns erst dabei in de Luft rumfliejen! Aba, so is det, Frau Pitschke, een Hund, und wenna wie'n Secksakäse jroß is, der darf nich ohne Maulkorb in'n Omnebus! Aba so'n dicket Indewiedjum, det eenen proppenvollen Omnebus mit eena eenzijen Hustenjirlande mit Bazillens spickt, deeer darf rin! Zuschtände sind det!"

„Jott, mir sind ja jleich da! Wat wollt' ick denn noch von Ihn'n jleich? Ick wollt' Ihn'n doch vorhin . . ."

„Sie wollten ma doch erzähl'n, wem Se bei die Beerdjung jetroffen ham, den ick kannte!"

„Richtich, richtich, Frau Knullmann. Wer, mein' Se, war det? — Sie komm' also nich druff? Na, halten Se sich feste!, den Walk, den Paule Walk, den dicken Kneipjee ha' ick jetroffen!"

„Wat Se nich saagen, den Paule?!"

„Wa, da staun' Se, wie?! Jeschied'n issa! Jetzt heiratet er die Suse Köbe, eene Frisöse! Valiebt issa in ihr wie'n kleenet Baby in sein' Schnuller!"

„Jott, wie die Zeit vajeht! Na, ick komm' bei Sie zum Kaffe! Man hat sich ja soville zu fragen."

„Herrjeh, da sind wa ja schon! Und det olle Mistwetta! Wenn ick bloß schon ze Hause wäre!"

„Alles aussteigen — Endstation!" rief der Schaffner. Fluchtartig verließen die Fahrgäste den Omnebus und rannten durch den klatschenden Regen. Eine Weile noch standen Frau Pitschke und Frau Knullmann unter ihren Schirmen. Ein dicker, hustender Mann ging an ihnen vorüber, schreckte sie auf. Nun erst trennten sie sich.

Der Zähneklempner

Eines Tages, so um die neunte Vormittagsstunde — ich saß gerade an meiner Schreibmaschine vor einem leeren Bogen Papier —, da klingelte es an der Korridortür.

Ich öffnete.

Vor mir stand eine Frau. Eine rundliche, kleine Frau. Keine junge. Schon älterer Jahrgang. Irgendwie kam sie mir bekannt vor. Ehe ich mich ihrer entsinnen konnte, meinte sie ganz treuherzig:

„Juhn Morj'n, ooch! Sie wer'n entschuldijen . . . Sie sind doch der Herr Liesejang, der for der Zeitungens schreibt, nich? Ihre Portjeefrau, die Frau Nuschenpickel, die meente jestan ahmt zu mir: ‚Emielje', saachte se — Emielje, det bin nämlich icke! Emielje Stietzke heeß ick. Wohne ooch in det Haus. Schon zweenzwanzich Jahre! Lange Zeit, wa? Ick und die Nuschenpickeln, mir sind seit Jahr und Tach schon jute Freundinnen. For uns beede jibt et übahaupt nischt, wat wa uns nich anvatrau'n. Du lieba Jott, wenn man zweenzwanzich Jahre in't selbe Haus wohnt ..."

Langsam wurden mir an der offenen Tür die Beine kalt. Deshalb bat ich ‚Emielje', doch näherzutreten. Sie genierte sich zuerst:

„Aba nich doch, Herr Liesejang, sooo war et doch nich jemeint. Ick bin doch janich danach anjezogen! Mit die olle Schürze und so ..."

Na — schließlich gelang es mir doch noch, Frau Stietzke, und vor allem meine Füße, in mein warmes Zimmer zu bringen.

„Tcha, wat ick saagen wollte ... Wo bin ick denn stehnjeblieben?" begann sie zu erzählen.

Glücklicherweise war sie nicht auf dem kalten Korridor, sondern bei ihrer Freundin, der Portierfrau, stehengeblieben. Ich soufflierte ihr also deren Namen als Sprungbrett zu:

„Richtich! Also, Herr Liesejang, nu hör'n Se doch mal zu. Die Nuschenpickeln meente nämlich jestan ahmt zu mir, als ick ihr die Sache mit den ollen Zähneklempner azählte ..."

„Mit was für'n Ding?", konnte ich mich nicht enthalten, sie zu unterbrechen und zu fragen.

„Warten Se erstmal ab, Herr Liesejang. Es kommt allet die Reihe nach. Wo war ick denn nu wieda stehn ...? Ach, richtich! Se müssen ma nich soville untabrechen, sonst wird meina Lebtach nischt draus. Also ... und da saachte die Nuschenpickeln zu mir: ‚Emielje', saachte se, ‚Emielje', det is doch wat for den Herrn Liesejang aus det Vordahaus!' Die Sache nämlich mit den Zähneklempner, vastehn Se?"

Ich verstand noch gar nichts. Sagte aber nichts, um sie nicht noch einmal vor die Frage zu stellen, wo sie stehengeblieben war.

Es folgte nun eine langatmige Erklärung. Ich will diese nur kurz zusammenfassen:

Besagter ‚Zähneklempner' heißt Oplatke. Er war ehemals wohl ein Barbier und — wie es eben damals bei seiner Zunft noch üblich war — außerdem noch ‚geprüfter' Heilgehilfe. Seit langen Jahren hatte er sich von seinem Beruf zurückgezogen, jedoch eins blieb ihm: In seiner Weddinger Gegend ließen sich bei dem alten Heilgehilfen viele Menschen, ob jung oder alt, die Zähne ziehen. Das war erstens billig — es kostete nur fünfzig Pfennige — und zweitens war man an den Alten gewöhnt. Mußte ein Zahn 'raus, dann hieß es: ‚Nimm dir'n Fuffzja und jeh zu Oplatken!'

So tat's auch Frau ‚Emielje' Stietzke. Und hier will ich sie auch weitererzählen lassen:

„Also, ick jeh zu den Oll'n hin, und wenn ma die Nuschenpickeln nich soville in de Ohr'n jelejen hätte, wär' ick zu den Klohn erst janich hinjejangen. Aba, wat kann unsaeens schon ville jejen machen, wenn eenem die Nuschenpickeln uff de Brust kniet! Zahnschmerzen hatte ick — et bohrte ja in meine Backe rum wie mit'n Proppenzieha. Also jut, ick sitze uff'n Stuhl bei den Oplatke. Nu, wie mir der olle Tappajreis so in den Mund rinkiekt, da wurde mir schon janz plümerant. Ville Zutrauen hatt' ick ja von vornerin nich zu ihm jehabt. Schön!

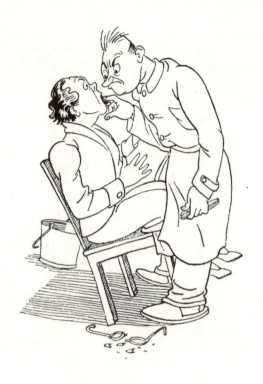

Pletzlich kommta mir jejen den Zahn, nich? Ick stoß'n Schrei aus ... will mit de Hände an de Backe jreifen ... dabei stoß ick jejen sein Kinn, und ihm fällt die Brille von de Neese. Die landet im Eima. Der Eima war aus Blech! Na, und ... als er die Brille rausjeholt und wieda uffsetzen will, da waren keene Jläsa mehr drinne.

Na ja, zu wat kommt mir der olle Hammel ooch jejen mein' wehen Zahn, nich? Wo'a doch wissen mißte, wie sowat höchst empfindlich is, nich? Weita!

Mir stritten uns erst 'ne Weile rum, vonwejen die kaputte Brille! Ick ließ ma aba janich uff ville Menkenke in. Mit eenmal meenta, er würde den Zahn ooch so finden, ohne Brille! Er hätte det schon so im Jefühl! Schön! Ick mußte wieda den Mund uffreißen, und dazu saacht er: detta nu mit sein' Zeijefinga uff jeden Zahn ruffdricken würde, und wenn der kommen täte, der raus müßte, sollte ick mir bemerkbar machen. Wat saagen Se zu so'ne varrickte Manier, nich? Schön! Ick hatte een schlechtet Jewissen vonwejen die kaputte Brille. Ick saachte nischt und ließ'n ruhich rumfummeln. Und wie'a nu an den schlimmen Zahn rankommt, schrie ick wieda los. Er aba hält den Zeijefinga feste druff und tastet hinta sich nach die Zange. Er find' se ooch, aba wie'a se jreifen will, fällt die ihm ooch runta. Und wie'a sich nu nach die Zange bückt, rutscht ihm der Zeijefinga von meinen Zahn weg!

Herr Liesejang, wat soll ick Ihnen saagen, ick mußte runta vom Stuhl und ihm die Zange suchen helfen, sonst hätta se kaum jefunden. Denn klettate ick wieda ruff uff den Stuhl, und nu jing det Jesuche nach den Zahn wieda von vorne los. Wenn ick nur nich det schlechte Jewissen vonwejen die kaputte Brille jehabt hätte. Ick sage Ihn'n, Herr Liesejang, ick schillerte schon jrünlich vor Wut!

Also, die Jejend, wo det Biest von Zahn sitzt, die hatte er sich halbweechs jemerkt. Wieda hälta den Finga druff, denn nimmta die Zange — ick klammate mir am Stuhl feste, hielt de Luft an! Die Beene fingen ma an zu zittan und . . . ausjerechnet in den Moment kloppt et an de Düre! Er jeht natierlich uffmachen. Wer steht draußen?

Der Jasmann! Eh' der nu seine Jroschens aus den Autematen uffjezählt hatte und mit allet fertich wurde . . . Nee, saage ick Ihn'n, det ick nich de Jeduld valor'n habe, det . . . nee, nee, nee!

Also, det dritte Mal jing's wieda von vorne los. Wieda suchta den Zahn. Kaum hatta ihn, find'ta wieda die Zange nich. ‚Wo ha' ick bloß die dämliche Zange jelassen, zum Dunnd'rwetta?!' schimpfta und jlotzt wie'n Karpfen in det Zimmer umher. Wat blieb ma übrich? Ick wieda runta vom Stuhl und mir beijemacht, die Zange ze finden! Und wo laach se? Uff'n Jasautematen! Uff'n Jasautematen, stell'n Se sich vor!

Schön! Endlich hatte er wieda allet beisamm'. Ick hockte uff'n Stuhl, er hat den Zahn mit'n Zeijefinga, hat ooch die Zange in de Hand, und ick, ick hatte 'n Kinnbackenkrampf! Nu setzta die Zange an und . . . stößt plötzlich een Jebrülle aus, als würde ihn een Krokodil in't Ohrläppchen beißen. Und wat war los? Wie der seltendämliche Kerl jrade die Zange zukneipt, da kneifta nich den Zahn, sondan in sein' Zeijefinga rin! Wissen Se, Herr Liesejang, ick meine: dafor 'nen Fuffzja ausjeben... for so een Affentheata . . .?! Nee, saachte ick ma! Ick runta vom Stuhl, den Mann een paar passende Worte jesaacht, und raus aus de Düre! Hätten Sie valleicht wat andret jemacht? Wat saaagen Se bloß zu so'nem Zähneklempner?

Na, ick jing denn zu'nen Dentisten. Der nahm zwar eenen Dahla, aba . . . et duht ma nich leid! Nie wieda, sage ick Ihn'n, for fuffzich Fennje!

Det sollt' ick Ihn'n azähl'n, meente die Nuschenpickeln. Sie würden wat von machen, saachte se. Sie wär'n der richtije Mann dafor, saachte se ooch noch! Na, und nu nischt for unjut! Ick empfehl' ma jetzt. Ick muß noch Ka'toffeln uffsetzen. Bei mir jibt's heute Backobst mit Klöße. Sint Se schön bedankt for die jute Uffnahme! Schön ham Se't hier, muß ick schon sagen! — Und wenn et in die Zeitung drinne stehn sollte, denn jehm Se mir doch eene von ze lesen, nich?"

Als Frau Stietzke gegangen war, setzte ich mich vor das leere Blatt Papier ...

Beinahe dootjelacht...

„Sagen Se mal, Herr Vöjelhändla ...", mit diesen Worten unterbrach eine ältere Frau meine Einkaufsverhandlung in der ‚Gesundbrunner Arche', einer zoologischen Handlung im Norden Berlins. „Sie wissen doch sicha jenau Bescheid, wa?", fragte sie den Geschäftsinhaber, „... mit die Krankheitens bei die Tiere, wa? Ihr Wortschwall schob mich rücksichtslos zur Seite.

„Na ja, wat heißt schon Bescheid wissen!", entgegnete der ‚Vöjelhändla'. „Een studierta Tierdokta bin ick nu jrade nich! Wenn zum Beispiel een Wassafloh keenen Appetit hat, kann ick Ihnen ooch nich sagen, wodranne det liecht!"

„Ach, Quatsch, Wassaflehe! Ick meine ja mein' Sittich, mein' Wellensittich, den ick vor'n paar Monate hier bei Sie jekooft habe. Sie wissen doch noch, wa? So'n jriena, mit so jelbliche Stellens am Bauch!"

„Aba liiie-be Frau, ooch wenn Se ma 'ne Farbuffnahme von den Sittich bringen würden, ooch denn würd' ick ihn nich wiedererkenn'! Wat is'n mit Ihr'n Sittich los? Wat fehlt'n denn?"

„Tscha, Mann, wenn ick det wüßte, braucht' ick ja nich zu Sie zu komm'! Noch jestan wara quietschfidel, jab an wie'n Brumma vor de Keesejlocke, na und..."

„Na und?"

„Na, und seit heute früh hängta uff de Stange wie'n nassa Wischlappen üba de Leine! Wie kommt'n det!"

Dem Anschein nach überlegte nun der Gesundbrunner Archenbesitzer: wie ein Wellensittich in Form eines nassen Wischlappens über eine Leine gehängt — dahängt. Er zog eine nachdenkliche, wellblechartig anmutende Miene und schwieg. Die Fragerin dagegen hing mit den Augen wie eine Klette an seinem Gesicht, und wartete gespannt auf das Resultat seines Grübelns. Endlich öffnete sich sein Mund:

„Wissen Se, Frau, bei so'nem Psittakus ... da weeß man nie ..."

„Bei eenem wat? Eenen Zittakuß!? Aba, er hat ja janich jezittat, wenn ick ihm saachte: ‚Komm', jib Frauchen een liebet Küßchen!'"

„Aba liiie-be-Frau, Psit-ta-kus, nich Zittakus! Een Psittakus is bloß der jriechische Name for die Sittiche!"

„Ach so! Noch nie nich von jehört. Und wat wollten Se nu sagen?"

„Ick meine: et könnte natürlich der Fall sint — wat ick ma aba eijentlich janich denken kann -– det Ihr Psittakus die Psittakosis . . .?"

„Wat is'n det nu wieda? Wenn det ooch Jriechisch is, denn übasetzen Se ma doch det lieba uff Deutsch, ja?! Mit mein' Wellensittich ha' ick ooch Deutsch, und nich uff Jriechisch jered'!"

„Also... die Psittakosis is'ne Krankheit, die meist Papajeis bloß kriejen...!"

„Aba, Herr Vöjelhändla, ick hab' doch jakeen' Papajei, 'n Wellensittich ha'ick doch!", riß die Frau ihn aus seinen tiefschürfenden Überlegungen.

„Liiiebe Frau, det is doch janz ejal, der jehört ja ooch zu die Sorte! Na scheen, lassen wa det! Aba, nu sagen Se mir mal erst, ham Se ihn ooch nich übafüttat?"

„I, wo werd' ick denn!" empört stieß sie diese Worte hervor. „Wat heeßt denn hier übahaupt — übafüttat? Er nascht zwar janz jerne, setzt sich keß uff'n Disch, wenn ick esse, nippt ab und zu vom Tella, ooch klaut er mal wat, wat ihm besonders schmeckt! Oda — warten Se doch mal, da fällt ma jrade wat in! Sollte er etwa doch...?"

Hier brach sie plötzlich erschrocken ab. Sie quetschte mit dem Zeigefinger ihre Nasenspitze breit, und blickte starr, wie geistesabwesend, ins Leere. Und dabei flüsterte sie: „Jestan hat er doch... Schtimmt ja, schtimmt ja! Da hat er doch..!"

Ein gedehntes ‚A-haaa!' ließ die Ahnungen des sicher besseren Menschen- als Tierkenners zur Bestätigung werden. „Nun, wat war denn nu jestern?" „Sie könn' valleichte recht ham!", gestand sie jetzt reichlich zögernd ein. „Wir hatten doch jestan Buttamilch zum Abendbrot — mit Pellka'toffeln! Ja! Und da war doch der kleene Kerl reenewech varrickt nach die Buttamilch! Beinahe dootjelacht ham wa uns bald üba den niedlichen, süßen Jierschlunk!"

„Nu will ick Ihn'n mal wat sagen!", sprach sie darauf der Händler böse an, „reenewech varrickt war nich det kleene Tierchen, sondan S i e , vastehn Se mir? Wat weeß denn so'n Piepvöjelchen schon, wat Buttamilch in sein Bäuchelchen bedeut'! Sie ham woll'n Triesel im Kopp?! Und jetzt schwirr'n se los und bringen ma schleunichst den Sittich hier her. Een paar Tage bleibta bei mir, damit ick'n, hoffentlich, wieda uff de Beene krieje. Sowat hab' ick ja noch nich erlebt von Unvastand! Lacht sich beinahe doot, und hält Buttamilch for'n Vogelfutta! Nee, nee, sowat! Und in een kleenet Vogelbäuchsen rumort de Buttamilch mang de Jedärme! Oda essen Sie valleicht ooch Schmierseife als Kompott, wie?", fauchte er die Frau jetzt in größter Erregung an. „Nu machen Se doch schon! Hol'n Se det Tier!!"

Eiligst verließ die Frau den Laden. Sie rannte . . .

„Steht noch da und übaleecht valleichte noch, ob se sich beleidicht fühl'n soll!", wandte sich der Händler nunmehr an mich. „Und sowat bildet sich ooch noch wat uff seine Tierliebe ein!", sagte er kopfschüttelnd. „Wat saacht der Mensch . . .?, Sie ham ja ebend allet mit anjehört! Nu sagen Se mal so'na dummen Juste: det se 'ne Tierquälerin is! Wat man da for'n Feua kricht!" —

Servus — Servis!

„Ach, Frau Lutschbeen, en'schuldjen Se, det ick bei Sie jeklingelt! Ick bin völlich mit meine Nervens Atschöh! Heulen könnt' ick Ihn'n in eene Tour!"

„Aba treten Se doch näha, Oma Knülle! Wat ham Se'n uff'n Herzen? Herrjeh, wat is denn?! Nu weinen Se doch nich! Komm' Se, komm' Se erstman rin! Da lang, in die Küche! Da is et hübsch warm und jemütlich!"

„Sie sind doch eene zu nette Frau, Frau Lutschbeen! Ebend desterwejen ha' ick mir vorhin ja ooch jesaacht: ‚Jeh zu deine Nachbarin', ha'ick mir jesaacht, ‚det is 'ne Seele von 'ne Frau, die wird..."

„Aba nich doch, Oma Knülle! Man duht jerne 'nen Mitmenschen eenen Jefall'n! Und iebahaupt, wenn man sieht, det eenem Menschen wat bedrückt, da kann ick einfach nicht anders! Ick kenne ja ooch det Leben! Wat mein' Se, wenn ick erzählen würde! Bände könnt' ick schreiben, Bään-de!! Na, nu, wo fehlt's denn, Oma Knülle?"

„Also — die Sache is die: Vor'n paar Tage krieje ick Ihn'n eenen Brief, nich? Ja, und nu hatt' ick doch meine Brille beim Optika, nich? Mein Kater Nauke, diesa Strolch, hatta mir nich doch neulich meine Brille vom Küchendisch runtajefeuert! Wat sagen Se dazu?"

„Ja, ick hatte ooch mal 'ne Katze! Bloß ... uff'n Disch, da durfte se bei mir nich ruff!"

„Nu ja, Se wissen ja wie't so is! Er sitzt ja ooch nich andauernd uff'n Küchendisch! Aber's letzte Mal, er springt ruff und ,Ach du jriene Neune!' und ... da laach se schon, die Brille! Also, nu jing ick doch jestern meine Rente hol'n, nich? Vordem aba, eh' ick wegjing, kam mir mein kleenet Nichtchen, die Christiane, besuchen, nich? Ihre Mutta mußte zum Vertrauensarzt und da wollt' se det Kind nich mitnehm'. Drum schickte se det Christianchen zu mir! Und weil ick nu weg mußte, ließ ick Christiane solange in meine Wohnung, um uff mir zu warten, versteh'n Se? Also nu, inzwischen ick in die Müllerhalle einkoofen jehe, da kommen zwee Männa an und bringen mir eenen riesijen Kartonk!"

„Merkwürdich! Wat war'n det nu?"

„Tscha, det wußte ick selba nich! Et sah aus wie ... wie ... Na, wie ... Ick kam nich dahinta, wat et vorstellen sollte, nich? Nu laach ooch noch eene Kurbel obendruff! Und so saachte ick zu Christianchen: ,Det is sicha wat wie'n Leierkasten oda sonstwat Musikalischet, nich?' Nu is doch mein Sohn in Westdeutschland, in Hamburg, jlänzend vaheirat'! Und weila mir vorm Jahr schon een jroßartijet Radio jeschenkt hat, dacht' ick, det wird woll een Fernsehsenda sind, also 'ne Art Musiktruhe, nich?"

„Ja, stand denn det nicht druff?"

„Det is et ja! Ick hatte doch meine Brille nich! Und Christianchen, in det eene Jahr erst in de Schule, mit's Lesen hapert et bei ihr noch 'ne janze Menge! Aba se buchstabierte mir von det Schild, wat an den Kasten dranne war, een Wort ,Servus'! Nu kenne ick doch det

Lied: ‚Saach zum Abschied leise Servus...', nich? Also konnte et doch nur wat Musikal'schet sint! Ick drehte ooch an die Kurbel, aba keene Note kam raus! Also ooch een Leierkasten konnte et nich sint! Et spielte doch nich bei's Kurbeln! Ja, und da entdecke ick eenen elektrischen Stecka. A—haaa, dachte ick nu, det jeht woll elektrisch! Ick stecke also den Stecka in den Steckkontakt und... wieda war nischt! Mit eenmal sehe ick so'n Schalta! Mit

Knöppe und Hebels! Nu muß ick doch an mein' Radio ooch erst uff diverse Knöppe drücken! Also drücke ick jetzt ooch! Und da... Siehste, sage ick zu Christianchen, jetzt wer'n wa ja jleich Musike ham! Nu aba kam anstelle die Musike so'n Brummen raus! Mehr nich!"

„Ja... Nu wissen Se immer noch nich, wat in den Kartonk drinne war?"

„Also heute früh hol' ick ma meine Rente, hintanach die neue Brille, und wie ick nu den Brief uffmache, er kam von meinen Sohn, da lese ick... Nu ha'ick doch wieda meine Brille drüben in meine Küche liejen jelassen!"

„Komm' Se her! Lassen Se mir mal lesen — det heißt, wenn ick ihn lesen derf!"

„Aba, Frau Lutschbeen, warum soll'n Sie den Brief nich lesen dürfen? Sie wer'n bloß rauslesen, wat for'n Kamel ick bin! Lesen Se'n man!"

„Ja, also denn: Liebe Mutta, weil du dir doch imma so quälst mit die Wäsche — zu wat du ooch meina Schwesta, deiner Tochter's Wäsche mit wäschst? Die kann sich woll alleene waschen! Ja und deswejen ha' ick dir eene Servis-Waschmaschine jekauft! Die soll dir deine ollen Tage erleichtern! Herzlichen Jruß, dein Albert!"

„Jot, nee, Frau Lutschbeen, hätte ick die Brille jehabt...! Und jestern, ick Dussel, ick mach ma noch an die jroße Wäsche bei, und seit vorjestan hab' ick eene Waschmaschine!"

„Aba det sieht man doch, Oma Knülle!"

„Wat denn? Wer denkt denn ooch bei ‚Servus' oder ‚Servis', det et niescht mit Musike ze duhn hat?!"

Jonny Liesegang

Seine Wiege stand auf dem Prenzlauer Berg. Der am 6. Oktober 1897 geborene Berliner hieß mit bürgerlichem Namen Johannes Haasis und war Sohn eines Brauerei-Ingenieurs. Bevor sein Talent als humoristischer Schilderer des großstädtischen Alltagslebens seiner Heimatstadt zum Durchbruch kam, hatte Jonny Liesegang verschiedene Berufe: Brauereitechniker, Maler, Karikaturist, Berufsboxer und Sensationsdouble beim Film. Nach mancherlei Odysseen landete er auf dem Wedding, wo er das schöpferischste und letzte Vierteljahrhundert seines Lebens verbrachte.

Seine schriftstellerischen Anregungen bezog Jonny Liesegang aus den Kneipen, Cafés, Kaufhäusern und von den Wochenmärkten und Straßenhändlern – überall dort, wo echtes Berliner Leben war. Er machte den berlinischen Dialekt auf seine Art literaturfähig und wurde damit ein würdiger und volkstümlicher Nachfolger von Kalisch und Glaßbrenner.

In den zwanziger und dreißiger Jahren war Jonny Liesegang Lokalreporter bei verschiedenen Berliner Zeitungen. Ein großer Erfolg war die Rubrik ,,Det fiel mir uff!" für die ,,Berliner Nachtausgabe" im Scherl-Verlag. Sie erschien als Buch im Lothar-Blanvalet-Verlag und wurde bald zum geflügelten Wort.

Nach dem Zweiten Weltkrieg schrieb Jonny Liesegang für die ,,Berliner Zeitung", den ,,Telegraf" und die ,,Nachtdepesche". Zuletzt hatte er die Kolumne ,,Seh'nse, det is Berlin!" in der ,,Berliner Morgenpost". Er starb am 30. März 1961. Mit ihm trat eines der letzten großen Berliner Originale ab.

Jonny Liesegang – Der Musensohn vom Berliner Wedding, der Glaßbrenner unserer Tage.

Band 1: **Det fiel mir uff!**
Band 2: **Det fiel mir ooch noch uff!**
Band 3: **Da liegt Musike drin!**
Band 4: **Det fiel mir „trotzdem" uff!**

Berlin literarisch

Gabriele Tergit: **Käsebier erobert den Kurfürstendamm**

Erdmann Graeser: **Koblanks**
Erdmann Graeser: **Koblanks Kinder**

Julius Stinde: **Familie Buchholz**
Julius Stinde: **Der Familie Buchholz zweiter Teil**
Julius Stinde: **Familie Buchholz in Italien**
Julius Stinde: **Frau Wilhelmine Buchholz**
Julius Stinde: **Frau Buchholz im Orient**

Adalbert Georg Schramm: **Heiteres vom dritten Hof**
Ein Blick in das Herz des Berliners

Erdmann Graeser: **Eisrieke**

Max Kretzer: **Der Millionenbauer**

Robert Gilbert: **Meckern ist wichtig – nett sein kann jeder**
Berlinische Gedichte, die auch für die neunziger Jahre
gültig sind

arani-Verlag GmbH

Augustastraße 20 B · 1000 Berlin 45
Telefon (030) 8 33 10 12

Lemkes Berlinische Schmunzelbücher

Luise Lemke: **Lieber'n bißken mehr, aber dafür wat Jutet**
Berliner Sprüche. Illustriert von Frauke Trojahn

Luise Lemke: **Laß dir nich verblüffen**
Berliner Witze. Illustriert von Frauke Trojahn

Luise Lemke: **Berlin, den Datum weeß ick nich**
Aus meinem berlinischen Poesiealbum. Illustriert von Frauke Trojahn

Luise Lemke: **Besser jut jelebt und det noch recht lange**
Noch mehr Berliner Sprüche. Illustriert von Frauke Trojahn

Luise Lemke: **Det schmeckt nach mehr**
Küche, Kochtopp und Jemüt. Illustriert von Cleo-Petra Kurze

Gustav Lemke: **Wie eiskalt ist's im Hemdchen**
Ein Berliner kiekt Theater. Von Norbert Oppermann.
Illustriert von Frauke Trojahn

Luise Lemke: **Berlinericks**
Lauter lustige Limericks aus, um und über Berlin
von Renate Golpon. Illustriert von Frauke Trojahn

arani-Verlag GmbH
Augustastraße 20 B · 1000 Berlin 45
Telefon (030) 8 33 10 12

Jonny Liesegang · Det fiel mir ooch noch uff!